我国对外直接投资及方式创新研究

刘立力 著

中国书籍出版社
China Book Press

图书在版编目（CIP）数据

我国对外直接投资及方式创新研究 / 刘立力著 . -- 北京：中国书籍出版社, 2023.10
ISBN 978-7-5068-9542-2

Ⅰ.①我… Ⅱ.①刘… Ⅲ.①对外投资—直接投资—研究—中国 Ⅳ.① F832.6

中国国家版本馆 CIP 数据核字 (2023) 第 159087 号

我国对外直接投资及方式创新研究

刘立力 著

责任编辑	李　新
装帧设计	李文文
责任印制	孙马飞　马　芝
出版发行	中国书籍出版社
地　　址	北京市丰台区三路居路 97 号（邮编：100073）
电　　话	(010) 52257143（总编室） (010) 52257140（发行部）
电子邮箱	eo@chinabp.com.cn
经　　销	全国新华书店
印　　刷	天津和萱印刷有限公司
开　　本	710 毫米 ×1000 毫米　1/16
字　　数	215 千字
印　　张	12
版　　次	2024 年 1 月第 1 版
印　　次	2024 年 1 月第 1 次印刷
书　　号	ISBN 978-7-5068-9542-2
定　　价	72.00 元

版权所有　翻印必究

前 言

对外直接投资作为国际经济合作的最重要方式之一，已经成为中国经济增长的重要引擎。中国对外直接投资不仅具有传统发达国家对外直接投资现象的一般共性，也具有自身的独特性。随着中国对外开放程度的逐步加深，投资地区覆盖全球，投资领域不断拓展，投资规模持续扩大，中国成为国际直接投资领域中不可忽视的中坚力量。

基于中国举足轻重的国际经济地位，研究中国情境下的对外直接投资，不仅可以检验已有理论对中国的适用性，有助于为中国经济实践经验的国际化和理论化作出贡献，还有利于补充和完善现有对外直接投资的理论体系；不仅有利于中国企业获取先进的技术知识和管理经验，也有利于实现经济结构调整和国际收支平衡。

本书的主要内容为我国对外直接投资及方式创新研究。本书第一章主要介绍了对外直接投资理论研究，分为三个部分，第一节介绍了国际直接投资概述，第二节介绍了发达国家的对外投资理论，第三节介绍了发展中国家的对外投资理论；第二章的主要内容为我国对外直接投资概述，主要介绍了四个方面的内容，依次是我国对外直接投资的历程、我国对外直接投资的必要性与可行性、我国对外直接投资的影响因素、我国对外直接投资的效应分析；第三章的主要内容为我国对外直接投资政策与策略，分别介绍了四方面的内容，第一节为我国对外直接投资的政策，第二节为我国对外直接投资的风险，第三节的内容是我国对外直接投资体系完善的对策，第四节为低碳经济下我国对外直接投资策略；第四章节的内容为中国企业对外直接投资概述，主要包括三个方面，依次是中国企业对外直接投资——区位选择、中国企业对外直接投资——产业选择、中国企业对外直接投资——方式选择；本书第五章主要介绍了中国企业对外直接投资的风险与措施，包括两个方面，分别是中国企业对外直接投资的风险、中国企业对外直接投资的防范风险措施。

本书写作，力争内容系统全面，论述条理清晰、深入浅出，适合经济相关专业的学生、中小学教师、中小学生家长阅读。在撰写本书的过程中，作者得到了许多专家学者的帮助和指导，参考了大量的学术文献，在此表示真诚感谢！

限于作者的水平，加之时间仓促，本书难免存在一些疏漏，在此恳请各位同行专家和读者朋友们进行批评指正！

刘立力

2023 年 3 月

目录

第一章　对外直接投资理论研究 ·· 1
    第一节　国际直接投资概述 ··· 1
    第二节　发达国家的对外投资理论 ······································ 12
    第三节　发展中国家的对外投资理论 ···································· 24

第二章　我国对外直接投资概述 ·· 33
    第一节　我国对外直接投资的历程 ······································ 33
    第二节　我国对外直接投资的必要性与可行性 ························ 44
    第三节　我国对外直接投资的影响因素 ································ 52
    第四节　我国对外直接投资的效应分析 ································ 57

第三章　我国对外直接投资政策与策略 ·· 85
    第一节　我国对外直接投资的政策 ······································ 85
    第二节　我国对外直接投资的风险 ······································ 94
    第三节　我国对外直接投资体系完善的对策 ·························· 101
    第四节　低碳经济下我国对外直接投资策略 ·························· 112

第四章　中国企业对外直接投资概述 ·· 127
    第一节　中国企业对外直接投资——区位选择 ······················· 127
    第二节　中国企业对外直接投资——产业选择 ······················· 148
    第三节　中国企业对外直接投资——方式选择 ······················· 162

第五章 中国企业对外直接投资的风险与防范措施 172
第一节 中国企业对外直接投资的风险 172
第二节 中国企业对外直接投资的风险防范措施 178

参考文献 184

第一章 对外直接投资理论研究

本章的主要内容是对外直接投资理论研究，分别从三个方面进行相关论述，依次是国际直接投资概述、发达国家的对外投资理论、发展中国家的对外投资理论。

第一节 国际直接投资概述

一、投资的概念与类别

（一）投资的概念

在论述国际直接投资之前，有必要先简要介绍一下投资的概念及其分类。在现实的日常生活中，"投资"一词使用频率相当高，其涵义也很广泛。人们不仅将某种资金和物资价值用于投入而能预期获得未来的收益或报酬的经济活动和经济行为视为投资，还把社会一切的财富都可用作投资、任何引起社会财富的增加都可看作投资，有时甚至还把"投资"当作了"花钱"的同义语来使用，如家长为孩子买了一台钢琴叫作智力投资等等。

经济学意义上的投资概念，比日常生活中的投资概念，其涵义要狭窄得多。不过，随着时代的推移，经济学意义上的投资概念，其涵义有日趋扩大且逐渐靠近日常生活中的投资概念的趋向。

从我国来看，自20世纪50年代初一直到70年代末，"投资"一直指的是"基本建设投资"。20世纪80年代初，"投资"概念扩大到包括基本建设投资和更新改造投资在内的"固定资产投资"。到了20世纪80年代末90年代初，随着经济体制改革的不断深化和投资理论研究的空前活跃，在理论上，"流动资金投资""间接投资"等相继纳入了投资的范畴。但同时也造成了在经济学界对投资概念的多种解释，至今仍未有一个普遍被大家共同接受的投资定义。不过，本书作者认为《中国投资管理大全》所下投资定义比较科学全面，即"垫支货币或其他资源以获得价值增值手段或非营利性固定资产的经济活动过程"[①]。

（二）投资的类别

投资在社会再生产中发生的经济活动和经济交易行为是多方面的，也就是说投资的涉及面是极为广泛的。因此，从不同的角度，对投资可作多种分类。

按投资的经济性质分，投资可分为固定资产投资和流动资金投资，其中固定资产投资又可分为基本建设投资和更新改造投资；按投资的经济用途分，投资可分为生产经营性投资和非生产性投资；按投资的形式分，投资可分为直接投资和间接投资。

此外，投资按其范围还可分为全民所有制单位投资、集体所有制单位投资、个人投资、外商投资等，按其资金来源还可分为财政投资、银行贷款、自筹投资、利用外资投资和个人投资等。

二、国际投资的概念与特征

（一）国际投资的概念

在简要介绍了投资的概念及其分类以后，接下来就该简单叙述国际投资的概念及其特点了。国际投资一词，是与最早出现的投资方式——国内投资相对而言的。它的出现，是随着社会的进步、技术水平的提高和经济的增长而产生的，归根到底是由资本的本性所决定的。

国际投资是一个发展的概念。狭义的国际投资，最早仅指长期证券投资。后来国际信贷逐渐发展起来，国际投资发展成为长期证券和信贷为主体的国际间接投资方式。广义的现代国际投资，泛指一切资源的跨国流动，具有以下特征：

---

① 赵海宽. 现代金融科学知识全书 [M]. 北京：中国金融出版社，1993.

（1）泛指各种形态的资源，包括资本、机器设备、智力、技术、信息、专利、商标等。

（2）泛指国际上跨国之间发生的，在空间上具有资源移动的经济现象。

（3）在时间上泛指一年以上的资源流动才属投资活动，一年以下的短期资金、外汇的各种商业性投机性流动属于一般金融性活动。

（4）国际投资形式在不断的发展创新，随着社会的发展，技术的进步，经济的增长，还将会有新的国际投资方式的不断出现。

国际上目前通行的国际投资定义，是指国际产业资本及国际货币资本跨国流动的途径和形式，是指将资本从一个地区或国家投向另一个地区或国家的经济活动。也即是某一个国家的个人、企业、政府超出本国界范围内的投资，也就是将本国无形或有形的资本（包括资金、机器、专利、商标、技术等）出于谋取利润或其他经济利益的目的，投资于其他国家。从投资者的位置上讲，这种行为是一项国际性投资；而从被投资国的角度来看，它又是一项国际筹资、吸引外资的活动。世界各国的国际投资和集资活动的总和，就构成了国际投资。

由此可见，国际投资是为了适应本国宏观经济政策需要，以资本增值和生产力提高为目的的国际间资本流动。现在，人们一般把与贸易有密切联系的、涉及国际资本流动的国际经济技术合作也列为国际投资。但是，国际贸易与国际投资却不能等同。国际贸易从理论上讲是以"比较利益"为动因的，它是指世界上各国间商品和劳务的交换。国际投资也不同于国际营销，后者以利润的扩大为动因，并且关注的是企业国际市场的拓宽，侧重于产品的开发、销售。

国际投资有直接和间接两种方式。国际直接投资是指投资者直接到国外经营企业或开办企业，也就是将投资者所拥有的资本投放到生产经营的实际经济活动中。国际间接投资则是指包含经济开发援助、国际中长期信贷的资本外投活动及国际证券投资。两者之间的根本区别在于，前者的投资者能直接或间接地控制投资于公司企业的经营活动，后者的投资者不能有这种控制。

（二）国际投资的特征

"跨国性"是国际投资的显著特征，由此决定了国际投资在以下几个方面有别于国内投资：

1. 投资目的的多样性

国内投资的目的相对较为单一和明确，主要是为了更好推动本国经济的有效发展，但国际投资则有明显不同，其目的是多元性的。有的国际投资仅仅是为了实现资本增值或保值，有的则是为了有效推动双边或多边经济关系；有的则可能带有相对较为明确的政治目的；还有的是为了旅游以及其他等等。

2. 投资环境的差异性

投资环境包含地理、政治、社会文化、经济、法律等多种因素。不同国家所拥有的政治制度可能存在差别，经济发展水平和经济社会状况也有所区别，社会文化、法律、地理等方面也存在较为突出的差异，因此每个国家所能提供的投资环境也存在明显差别，进而可能在一定程度上会影响国际投资所伴随的风险和收益。

3. 投资的风险性

国际投资的风险主要包括国有化、战争等政治风险以及外汇、利率等商业风险。在一定程度上，国际投资活动是在风险环境下进行的，国际投资本身就是一个识别、估计和控制风险的过程。

三、国际直接投资的类别与特征

（一）国际直接投资的类别

国际直接投资和间接投资是相互对应的，都是隶属于国际投资的重要途径，是指投资者通过对所投资企业经营管理权控制作为重要核心，以获得更高利润作为目的的资本外投活动。从不同层面可以将其划分为不同类型。

1. 从是否是投资者新投资创办企业的角度

（1）创办新企业

创办新企业是指投资者在其他地区或国家直接进行投资，创办分支机构或企业，开展生产经营活动。包含设立分支机构、子公司、附属机构，开办新厂矿，与投资地区、国家或其他国家联合开办合资企业，对外国现有公司或企业进行收买等。

（2）控制外国企业股权

购买外国股权主要是指投资者对外国企业股权进行收购并达到一定比例，从而实现对该企业的控制股权数。当前，控股率为多少才能被直接定义为直接投资，在国际上还没有相对较为明确的标准或规范。按照国际货币基金组织的定义，拥有25%的股权就可以被视为直接投资。而美国则与此规定不同，认为凡是拥有外国企业股权超过10%的都可以被认为是直接投资。

2. 从子公司与母公司生产经营方向是否一致的角度

（1）横向型投资

横向型投资也就是水平型投资，主要是指投资企业在国外进行投资时，建立和国内生产经营方向一致的附属机构或子公司，而且这一机构也能独立完成生产和销售的全过程。往往更适用于食品加工业、机器制造业。

（2）垂直型投资

垂直型投资也就是纵向型投资，主要是指投资企业在国外建立和国内产品生产相关联的子公司，使子公司与母公司之间能够完成专业协作。具体包含两种方式，一种是子母公司之间从事同一行业，负责产品生产的不同流程或工序；另一种则是子母公司之间从事的行业不同，却相互关联、相互配合。前一种方式大多出现在电子行业、汽车行业，而后一种方式则更多出现在加工行业或资源开发行业。

（3）混合型投资

混合型投资主要是指投资企业在国外所建立的子公司与母公司的生产经营方向完全不一致，所生产的产品也完全不同。目前只有巨型跨国公司会在投资时采取该种模式，如埃克森石油公司，不仅投资机械制造业、石油化工业、旅游业、商业，也投资石油的开采、销售等。

3. 从投资者对外投资参与方式的角度

从投资者对外投资的参与方式可以将国际直接投资划分为合作经营、合资经营、合作生产、合作开发、加工装配、补偿贸易、独资经营等。

（二）国际直接投资的特征

国际直接投资相对应于间接投资，具有较为明显的特点。

1. 投资的周期较长

国际直接投资往往都需要具体参与到生产经营活动中，通过投资来具体实现对生产经营活动的实际控制权，因此需要将其与项目紧密联合起来。每个项目的投资往往与其生命周期紧密相关，一般而言，项目的生命周期都相对较长，几年甚至十几年，因此也在一定程度上使得投资者所需要承担的投资风险较大。然而，从投资接受者的角度看，国际直接投资可以减少其风险性。因为，不管是独资企业还是合资企业或是其他合营形式，外商投资的收益都是从企业所得利益中分得，如经营不善，投资接受国不承担外商的投资资本责任和风险，同时也减少了投资接受国的外债负担。

2. 能够促进技术出口与管理经验的传播

因为国际直接投资需要具体参与到生产经营活动中，因此能够在一定程度上使得投资国本身所具有的技术得到出口，对于接受投资的地区和国家而言，能够获得自身的进步和发展，且国际直接投资也能在一定程度上使先进的企业管理经验流入，从而有利于投资接受国管理水平的提高。

3. 便于管理与控制

对于接受投资的地区和国家而言，直接投资的模式更便于控制和管理，且在一定程度上也能对出口商品结构进行改善。外国投资商在东道国开办企业也需要遵守该国的相关法律法规，因此，能够对投资方向进行有效引导、调整，优化投资结构。同时，这种投资模式还能有效对出口商品结构进行优化和改进，增强出口竞争力。发展中国家往往是以初级产品的出口为主，在吸引外国资本投资后，可以使用先进技术、着重培育产品出口企业，有效提高出口产品的自身档次，从而进一步提高出口发展效率和质量。

四、国际直接投资对世界经济所产生的作用

（一）国际投资有利于各国实现宏观经济目标

经济发展是世界各国都非常关注的重点，也是各国的战略目标所在，各国充分意识到了国际投资的作用和重要性，进一步拉近了宏观经济目标与国际投资之间的紧密联系。为了更好地在激烈的竞争中抢占优势、占据高地，各国都进一步

加强对新技术的研发和应用，通过高新技术产业的不断完善和发展，进一步有效提高市场竞争力，占据领先地位。因此，各国都将眼光和投资重点放置在高科技领域。

国际投资的广泛展开，能促使各国合理利用资源，加速生产要素优化组合，发展信息工业、高科技工业，并注重把高科技研究成果尽快转化为生产力，推动经济的发展。随着生产力的发展，国际竞争的不断加剧，发达国家出现资本过剩和商品过剩的现象，这些国家通过国际投资方式，实现了国家之间资本、技术的相互渗透，与此同时还向世界各国包括广大的发展中国家进行输出。由于各国的本国资本、技术同外国的资本、技术，甚至原料、劳动力、销售市场有机地结合起来，相互取长补短，缩小了各国在技术水平上的差距，相互加强经济技术协作与交流，开发新技术，吸收和运用新技术，获得最新的技术和工艺，形成本国经济的强项。

（二）国际投资有利于产业结构调整

随着世界各国生产力的发展，国际竞争的不断加剧，国际投资对产业结构的调整和新技术起着极为重要的作用。当前发达国家和发展中国家都处在产业结构调整和新技术革命的浪潮中，生产和劳动力也在全球重新分配过程中，世界各国、各地区都处在国际竞争中，日本的钢铁和汽车工业已超过美国，西班牙和巴西的造船工业已超过日本，其中很重要的方法是运用国际投资调整产业结构，推动新技术革命。

近二十年来，发达国家和一部分工业化国家或地区，通过调整产业结构有效推动经济的持续发展。因此，他们将目光投注在新科技、新能源、生物工程、航天技术、电子技术、替代能源、智能机器人、海洋技术为代表的高新技术领域，从而对"夕阳"产业进行淘汰转移，构建更加优化、完善的新技术产业。同时产业结构日渐软化，逐渐降低物质生产部门比重，逐渐提高服务业比重，彼此之间的关联也不断增进。因此，国际投资已经成为尖端技术、高新技术产业的有效途径和重要方法，从而成为产业结构调整这一战略目标的有效途径和措施。

（三）国际投资有利于生产的国际化

国际投资的广泛发展加剧了国际竞争，国际竞争又导致了生产国际化进程。

在生产国际化进程中，国际性或跨国性组织管理科学的出现固然是它的基本条件。同时，还应当注意到庞大的国际资金的支持所起的作用则具有十分重要的意义，在当前国际竞争中，生产国际化日趋发展。

现在以具有代表性的现代汽车工业为例，它在发展过程中的特征及其前景具有一定的典型。美国一向是汽车生产王国，现在日本已迎头赶上和超过了美国的汽车生产，美国每生产一辆汽车需要31个小时，而日本只要11个小时。目前世界上86个国家拥有汽车生产流水线，汽车市场呈现全球饱和状态，加剧了汽车工业的激烈竞争，世界汽车工业约有30家出现兼并、收购和参股，日本也开始在外国开办汽车工业，并准备到美国、英国这样的汽车王国开办汽车工业。

毫无疑问，国际竞争的剧烈程度不断加深，国际投资不断发展，汽车工业生产将不断朝国际化趋势发展。特别是国际投资的飞速发展，生产国际化和资本国际化有效推动了金融市场的优化和发展。在20世纪60年代，欧洲货币市场就成为规模最大的新型国际金融市场，到1985年欧洲货币市场累计资金总额已达2万亿美元。国际金融市场的发展，又为国际投资提供了重要的资金来源。因此，国际投资能促进生产国际化，为世界金融市场发展提供必要条件。

（四）国际投资有利于开拓第三世界市场

随着国际投资的发展，投资方（发达国家）和接受投资方（发展中国家）的投资关系发生了变化，从掠夺与被掠夺、奴役与被役奴关系向平等互利、共同发展和伙伴关系方向发展。从世界经济发展和发达国家经济利益来看，只有发展中国家经济得到发展，才能为发达国家提供广阔市场，为发达国家的产品找到足够的出路。为此，西方发达国家对发展中国家的投资在政策措施上有些转变，一些发达国家鼓励本国私人资本向发展中国家投资，保护投资者在发展中国家的投资收益，提供对外投资的保险便利，提供对外投资贷款。

同时，发展中国家虽然摆脱了帝国主义、殖民主义的侵略，争得了政治上的独立，但长期形成的殖民地经济结构和落后的经济状态，在短期内还不能根本改变，它们迫切需要利用外资，引进技术，发展本国的民族经济，提高人民生活，实现经济现代化。在发展中国家实行开放政策，积极利用外资和引进技术，又为发达国家提供资本输出的大好机会，为它们开辟原料基地，利用劳动力，开设工厂，进行合资、合作经营，为扩大销售市场提供条件。因此，国际投资能促进发展中国家经济发展，为开拓第三世界广阔市场提供条件。

五、国际直接投资的经济价值——对资本输出国

（一）有助于商品的进出口贸易

对外直接投资兴办海外企业可以带动商品的输出，因为很多情况是母公司以机器设备、零部件和原料等作为投资股份，此外，投资还可以从影响相关零部件、相关产品的出口上使投资国的总出口增加；在进口方面，通过直接投资开采矿产原料，就可在等量进口条件下减少本国原来进口所付的货款。如果是利用了国外的劳动力和低价土地，生产为国内成品配套的零部件或半成品，就可以因此减少国内生产成本，提高该成品的市场竞争力。

（二）有助于国际收支的改善

在一国的国际收支中，对外直接投资使得国内资本流出，在一定程度上会对国内资本存量进行削减，但仅是短期内可能带来的影响，后续随着投资利润的不断汇入，将有效维持国际收支，产生积极影响。事实上，直接投资的模式可能也不会导致实际资本的流出，比如机械设备作为投资内容的情况。还有一种情况是跨国公司在东道国或其他金融市场借得金融资本，加上其拥有的商标牌号、经营管理等无形资产，便控制了子公司，待这个子公司盈利后，再进行利润的再投资。

（三）有助于学习东道国的技术与管理经验

发挥自身技术和管理优势是跨国公司经营的一大特色，西方发达国家设在发展中国家的跨国公司一般都具有这个特点。然而，技术水平低的国家设在技术水平高的国家里的跨国公司的目的之一就在于吸收东道国所具有的管理经验和先进技术。跨国公司通过在国外投资建成的子公司来对东道国的技术进行吸收，可以通过子公司所雇佣的科研人员、工程师、熟练工人等获得先进的生产经验和技术革新，也可以通过招聘经理人员、工程师等方式学习先进的经营管理经验。通过子母公司之间的密切合作和相互配合，也是获取外国技术经验的有效途径。此外，国外子公司还是获取国外最新科技情况的信息网点。

（四）有助于低层次产业的转移

随着劳动力成本的提高，西方发达国家的一些老产业特别是劳动密集型产业遇到了"危机"。这些国家一方面运用最新科技成果对老产业进行技术改造，另一方面把它们输往国外，到劳动力成本低廉、技术水平较低的国家开设工厂，在转移产业的同时，带动闲置设备的输出。

六、国际直接投资的经济价值——对资本输入国

（一）有助于经济建设资金的增加或补充

发展中国家和社会主义国家通过民族解放斗争，赢得了政治上的独立，因而，加强民族经济的发展，实现工业化和现代化便成为这些国家的主要任务。但是，要发展经济，最大的困难之一莫过于建设资金不足。根据经济学原理，一定时期的经济增长率在一定程度上由该时期投资量决定。在这种情况下，发展中国家和社会主义国家除了自力更生发展生产、增加经验积累以外，利用外来直接投资，在一定程度上可以弥补国内投资的缺口，从而扩大了经济建设的规模，加快了新兴工业部门的建立和发展。拉美一些国家及亚洲"四小龙"与东南亚国家经济的高速增长可以说都与大量引进外来直接投资有关。

纵然是发达资本主义国家，其经济和社会的发展也离不开外来直接投资。以当代经济最发达的美国为例，由于地理因素、历史因素等的影响，美国各地区的经济发展也存在明显差距，东北部地区经济发展相对较好，工业化程度相对较深，而东南、西部、西南的地区发展程度相对较为落后。为了更好地提高各部的经济发展水平、更好地平衡区域之间的经济差异，经济相对较为落后的地区纷纷推出优惠措施，积极加强对外来投资的吸引和扶持，外来资本的涌入也使得相对较为落后地区的经济得到了有效改进和长远发展，工业程度不断加深。如德国大众汽车公司在美国宾夕法尼亚州的一项直接投资，不仅改造了美国克莱斯勒公司在该州的一家废置的汽车制造厂，而且还带动了该州有关地段铁路建设和铁路运输业的恢复和发展，从而促进了该地区社会经济的发展。

（二）有助于生产技术和管理水平的提升

先进的生产技术和科学的管理方法对经济的发展有着重要意义。然而，大多

数发展中国家和社会主义国家在经济建设过程中又往往存在着生产技术落后，管理水平低下的问题。发明创造新技术，尤其是对提高劳动生产率有重大意义的先进技术，需要强有力的科研经费支持，而管理经验也需要通过长时间的实践不断积累。一般来说，发展中国家和社会主义国家无法提供充分的开发资金支持，也无法提供优秀的科技人才从事相关研究，此外，作为新独立的国家，它们从事经济建设的时间不长，因此缺乏生产建设特别是现代化经营管理知识，通过引进外来直接投资，在本国兴办合资、独资企业，就有可能积极引入国外先进的管理经验和生产技术，通过不断学习和消化吸收，有效提高本国自身所具备的经营管理能力和水平以及生产技术水平，加快促进本国的技术进步和现代化进程。

同样，资本主义也需利用跨国公司所带来的先进技术和管理经验，以促进本国的经济发展。还是以美国为例，受新技术革命的影响，工业生产结构有了较大的变化和发展，具体表现在"朝阳工业"的异军突起和不断发展，以及传统工业特别是制造业的衰退。美国政府不断吸收引入外国直接投资从而实现设备与企业的有效更新组合以及推动工业部门的技术改造和发展。外国跨国公司在美国进行投资时，主要是侧重于自己在经营管理或生产技术方面存在显著优势的行业或部门。这主要是因为在生产国际化的趋势下，在国际分工的发展背景下，各国都有自己的技术特长和生产特色，虽然美国的综合能力和科技方面的实力处于领先地位，但并不代表美国的任何一个行业或生产领域都处在领先地位，美国通过积极引入外来直接投资有效提升本国企业的整体素质。特别是钢铁、汽车、食品等不景气的行业，得到了外国资本的有效引入和扶持，某些濒临倒闭的企业或在实际经营过程中存在较大问题的企业，在被外国跨国公司购买或合并后，对技术进行更新和改造，优化固定资本投资，从而不断转变生产经营现状，有效提高企业的生产经营活力。

（三）有助于商品出口能力的增强

借助外来直接投资或与跨国公司共建合资合作企业，可以帮助东道国较快地提高资源开发能力和制造新产品能力，调整与改善东道国的产业结构和商品进出口结构，增强产品出口的竞争能力，利用跨国公司的关系还能扩大出口销售渠道或开辟新的国际市场。这些都有利于增强东道国的商品出口创汇能力和进口替代能力，从而促进东道国对外贸易的不断扩大和发展。

国际直接投资作为国际经济联系的基本媒介之一，扩大并密切了投资国与东道国及其他相关国家在资金、技术、商品、人员、知识、信息等各个方面的联系和协作，这有助于东道国依据本国国民经济的发展战略和产业政策参加国际分工和经济协作，从世界范围内对本国经济发展所需要的各种生产要素进行合理配置、优化利用和综合平衡，从而扩大了东道国外向型经济的开放度。

（四）有助于就业机会的增加

发达国家对外直接投资的一个很大诱因就是利用国外廉价的劳动力，特别是对发展中国家，跨国公司多投资于劳动密集型的加工工业。资本输入国即使是发达国家也会增加就业机会，因为一座工厂的兴建、竣工后的正常生产以及一个公司的开办运营，总离不了人去工作。另外，国际直接投资对资本输入国的就业还会产生间接作用，如生产的发展，会引起消费的增加，消费增加又促进生产发展，就业也随之扩大。

（五）有助于外汇收入的增加

当今资本家对外直接投资的目的并不仅仅限于传统的盈利动因，还有借此观光旅游的动机，从而增加资本输入国的外汇收入。

第二节 发达国家的对外投资理论

20世纪60年代以来，跨国公司的海外投资成为经济学家们的主要研究对象，他们以现代微观经济理论为基础，形成了诸多对外直接投资理论学派。但在国际上长期占主流地位的，是以发达国家跨国公司的发展为背景，解释发达国家跨国公司经营活动的相关理论。

一、垄断优势理论

垄断优势理论是斯蒂芬·海默（Stephen Hymer）提出的重要理论，又被称为"海默—金德尔伯格模式"，他在其博士论文《国内企业的国际化经营：对外直接投资的研究》中在对外直接投资分析中应用垄断优势进行了详细阐述和分析，并借助该理论对美国当时的对外直接投资活动进行了详细解释和分析。后来，此理论经斯蒂芬·海默的导师 C. P. 金德尔伯格（C. P. Kindleberger）进一步完善，最终形成了系统、成熟的对外直接投资理论。

（一）主要内容

传统的国际资本流动理论以完全竞争市场为假设前提，认为国际资本流动的根本原因在于寻求高利率。斯蒂芬·海默认为，在完全竞争市场中，由于生产要素与产品市场是完全的，那么，任何企业都不会获得垄断优势，企业便不存在对外直接投资的动机。同时，斯蒂芬·海默提出传统的国际资本流动理论只适用于对证券投资方式的解释，不能用于分析对外直接投资。斯蒂芬·海默说："如果美国公司对外直接投资的原因在于国外的利率高于美国，那么，为什么大批美国公司在海外借款投资建厂？为什么大量的外国投资进入美国？这显然与传统资本流动理论是矛盾的。"[①]

据此，斯蒂芬·海默提出了垄断优势理论，其主要内容包括以下几点：

1. 垄断优势是市场不完全竞争的产物

斯蒂芬·海默指出："任何关于跨国经营和国际直接投资的讨论都涉及垄断问题，而垄断优势是市场不完全竞争的产物。"[②]

市场不完全体现在以下四个方面：

一是产品市场不完全。比如，营销技巧和新产品等。

二是要素市场不完全。比如，无形资产、知识、技术、新工艺、生产诀窍等。

三是规模经济导致的市场不完全。包含外部和内部规模经济。内部规模经济是指，企业通过扩大生产规模获得成本的降低。外部规模经济是指，企业通过产业聚集效应带来的信息、运输等成本的降低。

四是纳税等因素所导致的市场不完全。

---

① 王林生. 跨国经营理论与战略 [M]. 北京：对外经济贸易大学出版社，2003.
② S. Hymer. International Operations of National Firms: A Study of Direct Foreign Investment[D]. Doctoral Dissertation Massachusetts Institute of Technology, 1960: 85–86.

在前三种市场不完全情况下,企业能够拥有某种垄断优势。而最后一种市场不完全情况,往往是企业开展对外直接投资的动因。

2. 垄断优势是对外直接投资的根本驱动力

斯蒂芬·海默提出,一个企业进行对外直接投资的根本驱动力,是可以通过相对于投资东道国而言,该企业所拥有的垄断优势来获取经济收益。在对外直接投资过程中跨国经营企业,常常会面临经济风险、政治风险、法律风险以及社会风险等。因此,与东道国本土企业相比,这些企业处于较为不利的地位。但是,如果跨国经营企业在国内拥有专有技术、资金、定价能力、经营管理技能、特殊的营销技巧等独占性的生产要素从而获得垄断优势,就能够抵消其在东道国市场上面临的各种风险与成本,获得与东道国企业进行竞争的独特优势。

综上所述,斯蒂芬·海默认为,开展对外直接投资需要具备两个方面的条件:一是企业必须拥有某种垄断优势,从而在东道国市场上建立竞争优势;二是市场是不完全的,这既是企业获得垄断优势的前提,也是企业能够维持这种垄断优势的必要条件。

(二)相关评价

垄断优势理论有力地解释了"二战"后美国一些实力雄厚的跨国公司进行海外直接投资的现象。同时,对于后来形成的由发达国家主导的国际直接投资格局,该理论也作出了较好的解释。从垄断优势理论的意义来看,一方面,垄断优势理论首创性地从生产领域来研究国际资本流动,这一思路深刻影响了后续理论的发展;另一方面,垄断优势理论以不完全市场为理论前提,为当代对外直接投资理论提供了重要的研究思路和理论基础。

但是,垄断优势理论也存在以下偏颇之处。

首先,该理论认为,企业拥有了某类垄断优势是对外直接投资的重要因素和根本原因,忽略了其他因素的影响。

其次,它只是从静态角度对跨国公司的垄断优势做了分析,并没有考虑到跨国公司竞争优势的动态变化与发展。

最后,该理论很难对发展中国家的对外直接投资和发达国家之间的投资行为进行有效解释。

二、产品生命周期理论

产品生命周期理论是美国非常有名的经济学专家雷蒙德·弗农（Raymond Vermon）在其1966年发表的《产品周期中的国际投资和国际贸易》一文中提出的重要理论。该理论的研究对象是美国对外直接投资企业，对美国企业对外直接投资中区位选择的原因进行全面分析。产品生命周期是指一种新兴产品从进入市场开始一直到淘汰出市场的整个过程。雷蒙德·弗农认为，这一过程实际上是垄断优势的动态转移和发展过程，对外直接投资的区位选择伴随着技术扩散和产品不同发展阶段而发生动态变化。

（一）主要内容

在产品生命周期理论中，世界上的国家被雷蒙德·弗农划分为三类，分别是发达国家、欠发达国家和发展中国家。雷蒙德·弗农认为，在产品生命周期中，国际直接投资区位流向是从发达国家到欠发达国家，再到发展中国家。

1. 第一阶段——创新阶段（新产品阶段）

在此阶段，发达国家新的创造发明刚从试验状态转入商业实用状态，技术还不完善，产品还没有定型，需要根据本国消费者的需求不断地改进产品，同时，保证原材料与零部件供应的稳定性。在这种情况下，产品生产只能集中在国内进行，以便及时掌握市场动态变化从而降低成本，然而，对于国外市场（其他发达国家）的产品需求，则主要是发明创造的国家以出口的方式来满足，此时，发明国无须承担更高的风险和成本进行对外直接投资。

2. 第二阶段——产品的成熟阶段

在这一阶段，产品的相关技术已经基本成熟，而产品也相对完善，处于基本定型的状态，而国内外对该产品的需求也相对增长，发明国会扩大生产规模获取规模经济以降低成本。同时，在市场上出现了众多模仿者，国外市场会设置一些限制来减少从发明国的进口，以此来保护国内同类企业。此时，发明国的垄断优势被削弱，创新企业为了保持其竞争优势，会通过对外直接投资来降低其生产成本和运输成本。具体表现为，发达国家在国外建立子公司就地生产、销售，或者向第三国销售，其投资区位通常是那些与发达国家具有相似收入水平和技术水平的欠发达国家。

3. 第三阶段——产品的标准化阶段

在这一阶段，产品和相关技术发展较为成熟，实现高度标准化，发明国家所拥有的产品技术优势不明显，甚至不存在，此阶段产品的竞争主要体现在价格竞争上。为了更好地提高产品所具有的竞争力和优势，生产活动会自然而然发生转移，逐渐转移到发展中国家等劳动力相对较为丰富且成本较低的地区，而标准化的技术也随之被转让。此时，国内对该类产品的生产开始大幅减少甚至直接停产，通过从发展中国家的进口来满足本国的产品需求。当发明国从最初的净出口国转变为净进口国，该产品的生命周期在发明国就已经基本结束。

如图 1-2-1 所示，是一个完整的产品生命周期。发明国（美国）在 T0 点时开始生产新产品，T1 点起开始向其他发达国家（西欧国家）出口该产品，T0—T2，为产品生命周期的第一阶段。从 T2 点起，其他发达国家开始生产该产品，从发明国的进口量减少，在 T3 点时其他发达国家成为该产品的净出口国，T2—T4 为产品生命周期的第二阶段。在这一阶段，创新国开始进行对外直接投资。发展中国家从 T2 点起开始进口发明国的新产品，之后，开始仿制生产该产品，逐渐减少进口量。在 T4 点，产品开始进入生命周期的最后阶段，在该点，发明国停止产品的出口，开始转向进口。在进入产品生命周期最后阶段之后，发明国的技术优势完全不存在了。在这一阶段，企业为了获得价格竞争优势，开始向劳动力成本低的国家进行对外直接投资，在发展中国家进行生产之后返销母国，发展中国家最终成为该产品的净出口国。[①]

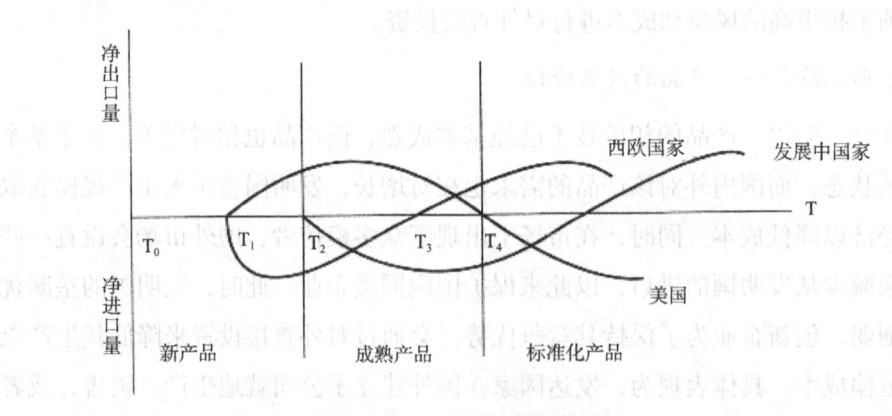

图 1-2-1　产品生命周期理论

---

① 吴文武. 跨国公司新论 [M]. 北京：北京大学出版社，2000.

（二）相关评价

产品生命周期理论以产品比较优势的动态转移为基础来研究国际贸易和国际直接投资，并将东道国的劳动力优势与企业的技术优势相结合，用来解释国际生产格局的形成和变化，阐明了"二战"后发达国家的国际贸易和对外直接投资行为的动因。但是，产品生命周期理论并不全面，存在一定偏颇，主要体现在以下两点：

首先，产品生命周期理论以"二战"后美国企业对西欧国家的对外直接投资为主要研究对象，这些企业普遍具有技术垄断优势，并且试图通过国际化生产经营来利用、维持这种垄断优势，是一种保护性的被动行为，然而，如今对外直接投资变成了一种主动性措施。因此，产品生命周期理论无法解释自20世纪70年代以来西欧和日本对美国的大规模直接投资活动，也无法解释近年来没有技术垄断优势的发展中国家迅速发展的对外直接投资现象。

其次，产品生命周期理论将产品生命周期设置为一种静态不变的过程，忽略了产品生命周期的动态变化性。随着全球化进程的加快，需求偏好的差异在不断缩小，新产品越来越多地率先出现在发展中国家，而在发达国家处于产品生命周期衰退阶段的产品也不一定会在发展中国家畅销。事实上，许多跨国公司的生产经营并不遵循上述三阶段的规律。

三、内部化理论

内部化理论由英国学者 P.J. 巴克莱和 M.C. 卡森（P.J.Buekley and M.C.Casson）在其1976年合作出版的《跨国公司的未来》一书[①]中首次系统地提出。

（一）主要内容

在 P. J. 巴克莱和 M. C. 卡森新创的内部化理论中，市场不完全并非垄断优势论中所指的规模经济、寡占等，而是指由于某些产品本身所带有的特殊性、市场失效、垄断实力等，使得市场中的企业进行交易所需花费的成本不断增加。这一理论的中心思想主要是指，市场不完全性的影响，使得中间产品在外部市场中开

---

① P. J. Buckley, M. C. Casson. The Future of Multinationals[M]. Macmillan Press, 1976: 39-75.

展交易所需花费的成本过高，为了追求利润最大化，需要将中间产品的交易控制在内部进行。

内部化理论认为，中间产品市场，尤其是知识产品市场的不完全是形成内部化的重要因素和关键因素，是影响企业对外直接投资的重要因素和根本动力。知识产品所具有的不完全性主要是由以下内容和因素决定。

首先，知识产品在研究与开发过程中耗费时间长，投入成本高，且具有天然的垄断性质，使得知识产品的所有者在外部市场交易中一般会制定一个较高的价格来及时回收投资。

其次，对于买方而言，知识产品的经济效益只有在其投入生产以后才能确定，这就导致了买方难以确定那些还没有转化成生产力的知识产品的价值。因此，知识产品的买卖双方之间存在信息不对称性。

最后，由于知识产品的公共产品属性，其很容易在市场交易和转移的过程中被扩散，这也是一种风险成本。由于知识产品的外部市场存在以上不完全性，企业必须对知识产品实行内部交易来避免外部过高的交易成本。

P. J. 巴克莱和 M. C. 卡森认为，市场内部化的过程会受到以下四个因素的影响：

（1）行业特定因素

行业特定因素是指产品的特性、外部市场的结构特点，以及规模经济等，也是最为关键的因素。

对于中间产品来说，其外部供需通常处于不稳定的状态，通过内部化市场来稳定其供需十分重要。另外，如果企业生产经营具有明显的规模经济，那么，企业通过内部化来获取规模经济全部收益的动机就会更强烈。

（2）区位特定因素

区位特定因素指的是区位地理上的距离、文化差异和社会特点等。

这些因素与市场内部化后的协调控制问题密切相关，若母国与东道国地理位置邻近，社会文化差异较小，那么，实行市场内部化后企业更易于控制并管理企业的内部组织。

（3）国家特定因素

国家特定因素是指有关国家的政治制度、法律制度和经济制度。

若东道国实行贸易保护政策，并且对外国企业实行重复征税、限制利润汇回等歧视性的政策措施，那么，投资企业可以通过市场内部化来避免这些不利的宏观因素。

（4）企业特定因素

企业特定因素是指每个企业的协调管理水平、内部组织结构。

若企业的组织内部结构合理，协调管理能力较强，那么，企业就能更好地应对市场内部化后复杂的企业管理问题。

（二）相关评价

内部化理论对于西方对外直接投资理论的发展有重要意义。在此之前，斯蒂芬·海默与雷蒙德·弗农等从垄断优势这一切入点来研究发达国家海外生产经营的驱动力和影响因素。然而，内部化理论则是从企业国际分工与生产的组织形式出发对对外直接投资进行深入研究。[①]

内部化理论的重大贡献表现在以下两方面：

一方面，它对企业经营所面临的中间产品的市场不完全性和最终产品的市场不完全性进行了明确区分，并且，以中间产品市场的不完全性为基础来研究企业进行对外直接投资的根本动机，尤其是它着重强调了技术保护对企业经营的重要意义，从而使得理论的分析更接近"二战"以后国际的企业对外直接投资实践。

另一方面，它不仅阐明了发达国家对外直接投资方面进行选择的动因，也对发展中国家的行为进行了分析和解释。而且，内部化理论可在不同程度上替代早期的对外直接投资理论，故其被称为国际直接投资的一般理论。

内部化理论并不是完美的，也有局限性存在。

首先，这一理论在一定程度上沿袭了垄断优势论，忽略国际经济环境而简单地从跨国投资企业的微观方面寻找其海外直接投资的动因和基础的片面分析方法，对企业对外直接投资的区位选择等宏观因素没有作出合理的解释。

其次，内部化理论过分注重企业的内部因素对于对外直接投资决策的影响，忽略了对各种外部因素的分析。

最后，内部化理论并没有对国内市场的内部化与国际市场的内部化的区别作

---

① 滕维藻，陈荫枋. 跨国公司概论[M]. 北京：人民出版社，1991.

出明确解释，更接近于一般的企业扩张理论，导致内部化理论对于对外直接投资的动因解释针对性不强。

四、国际生产折中理论

国际生产折中理论是英国著名经济学家 J. H. 邓宁（J. H. Dunning）发表于 1976 年的《贸易、经济活动的区位和跨国企业：折中理论探索》中明确提出的。

（一）主要内容

J. H. 邓宁认为，以往的国际生产理论存在片面性，无法全面系统地解释对外贸易、对外直接投资、技术转让等不同资源转移形式的实施条件。他将学者们对跨国公司国际直接投资的相关理论和观点进行了详细分析和整合，如 P. J. 巴克莱的内部化理论和斯蒂芬·海默的垄断优势理论等。在此基础上，J. H. 邓宁提出了一个更加广泛使用的一般性理论模式，即国际生产折中理论，用来对跨国企业的对外直接投资行为进行有效解释。J. H. 邓宁研究得出的结论是，一国企业从事国际投资，主要包含三个重要优势要素，分别是区位优势、内部化优势、所有权优势。[1]

1. 所有权优势

所有权优势是指，相较于国际市场中存在的其他公司和企业自身所具备的特定优势，包含无形和有形资产的所有权优势。具体来说，有以下几种：

（1）技术优势，主要包括专利技术、企业的研发能力等。

（2）规模优势，包括企业规模扩大带来的技术创新能力的提升，以及规模经济优势。

（3）组织管理优势，主要是指科学、合理的组织结构、管理方法，以及营销技巧等。

（4）融资优势，主要是指企业能够通过多样化的融资渠道获得低成本的融通资金。[2]

---

[1] Dunning John H. The Eclectic Paradigm of International Production: Restatement and Possible Extensions[J]. Journal of International Business Studies, Spring, 1988: 11–13.

[2] 苏丽萍. 对外直接投资：理论、实践和中国的战略选择 [M]. 厦门：厦门大学出版社，2006.

所有权优势只是企业进行对外直接投资的必要条件而非充分条件，主要是企业或者公司通过其他途径和方式，诸如出口或者技术转让等可以取得同样的效果。

2. 内部化优势

内部化优势是指，在对外直接投资过程中，企业将其所有权或资产内部化能够取得的优势。在市场不完全的情况下，拥有所有权优势的企业并不一定能够从中获益，而企业若能在内部转移自己的技术、资金、管理技能等所有权优势，就可减少外部市场机制带来的不确定性，从而降低交易成本，保持其所有权优势的垄断地位，获取最大利益。J. H. 邓宁指出，所有权优势能够充分体现出企业在对外直接投资方面的水平和能力，内部化优势则在一定程度上能够反映出企业对外直接投资形式和重要目的。但是，企业若是拥有了所有权优势并能够在自身能力范围内实现内部化，但依旧还无法对于企业的对外直接投资行为进行准确的解释，这主要是由于出口也能实现两种优势。因此，这两种优势依旧不是对外直接投资的充分条件，仍只是必要条件。

3. 区位优势

区位优势主要指，一国比他国能为外国厂商在该国投资设厂提供相对优势，主要包括两个方面：一方面，是东道国的资源禀赋，如自然资源、劳动力价格和技术水平等；另一方面，是东道国的地理位置、市场规模、基础设施状况、经济制度、政府政策、社会文化等形成的优势。一般来说，自然资源丰裕、劳动力成本低、市场容量大、政府对外来投资实施鼓励政策的国家或地区，具有更强的区位优势。

在 J. H. 邓宁的国际生产折中理论中，企业所具备的优势条件与企业国际化经营方式之间的关系，如表 1-2-1 所示。①

表 1-2-1　企业国际化经营方式选择

经营方式	所有权优势	内部化优势	区位优势
对外直接投资	√	√	√
出口	√	√（×）	×

---

① 刘海云. 跨国公司经营优势变迁 [M]. 北京：中国发展出版社，2001.

续表

经营方式	所有权优势	内部化优势	区位优势
技术转移	√	×	×

其中,"√"代表具有某种优势或利用某种优势;"×"代表缺乏某种优势或未利用某种优势。

表1-2-1包含了三层含义:

一是若企业有计划进行对外直接投资行为,就必须要确保自身能够具有区位优势、内部化优势、所有权优势,只有同时具有这三种优势,那么,打入国际市场最佳的方式就是采取对外直接投资。

二是当企业只有所有权优势和内部化优势时,企业可以考虑以出口模式开展国际化经营。

三是当企业只有所有权优势,并无法将其优势内部化,也不能利用东道国的区位优势,这时就只能采用技术转移模式打入国际市场。

(二)相关评价

J. H. 邓宁的国际生产折中理论吸收了之前各派经典理论的精华,将垄断优势理论、内部化理论和区位理论有机结合起来,克服了之前对外直接投资理论的片面性。国际生产折中理论涵盖了各种跨国经营活动,尤其是国际经营中的三种主要形式,即技术转移、出口贸易、对外直接投资作出了相对较为科学合理的分析和解释。

另外,国际生产折中理论具有较强的适用性,可以用于分析发达国家和发展中国家的跨国公司,在西方学术界受到很高的评价,并被很多学者视为国际直接投资的"通论"。但国际生产折中理论也存在一定的局限性,它无法解释没有同时满足三个优势条件下的对外直接投资行为。

五、比较优势理论

比较优势理论最先由日本一桥大学学者小岛清(Kiyoshi Kojima)提出,他在1978年出版的《对外直接投资论》一书中,结合对于日本对外直接投资活动的分析，对比较优势理论进行了系统阐述。

（一）主要内容

比较优势理论的中心思想是，国际直接投资应从母国已经处于比较劣势或趋于比较劣势，转向对东道国而言却还是处在优势地位的产业。通过这种途径和方式开展的对外直接投资，投资国和东道国的社会福利都会增加。

从投资国来看，把生产场所从一个比较不利的地点转移到一个比较有利的地点，投资者可以获得更为丰厚的利润，继而用投资获利来补充、发展本国具有比较优势的产业以扩大出口，有利于本国的产业结构优化。

从东道国来看，吸收这种类型的外资可以获得东道国缺乏的资本、技术、管理技能等要素，使东道国的技术和产业结构得到升级。

比较优势理论最主要的特点在于，从宏观层面阐释了贸易与投资的互补关系。传统的对外直接投资理论披露的往往是，对外贸易和对外直接投资的替代关系。小岛清把对外直接投资分为以下两种类型。

第一种是以日本为代表的贸易导向型对外直接投资，即将本国具有比较劣势的产业转移到东道国，这符合比较成本与比较利润率相对应的原则。由于一国的对外贸易按照本国的比较优势来进行，而对外直接投资则将本国具有比较劣势的产业转移出去，这种类型的对外直接投资的结果是扩大了双方比较成本的差距，扩大了贸易规模，与对外贸易是互补的关系。

第二种是以美国为代表的逆贸易导向型对外直接投资，即将本国具有比较优势的产业转移到东道国，违反了比较成本与比较利润率对应的原则，对外直接投资的结果是使双方的比较成本差距缩小，不利于贸易的扩大，且与贸易是替代的关系。

小岛清还提出了边际产业转移过程中需要注意的三个问题：

第一，东道国与投资国的技术水平差距应该较小，由此投资国能更加充分地利用该技术占领东道国市场，东道国也更加容易吸收、接纳转移的产业。

第二，在企业规模方面，中小企业投资制造业往往比大企业更有优势，因为它们转移到东道国的生产技术更符合当地的生产要素结构及经济发展水平。

第三，投资国和东道国都不需要有垄断市场，比较优势论否认垄断优势因素在对外直接投资方面有决定性作用这一观点。

（二）相关评价

比较优势理论主要是从国际分工的层面和角度来对日本式对外直接投资活动进行分析和解释。比较优势理论的价值主要体现在以下两个方面：

一是以往的对外直接投资理论中普遍流行的垄断优势理论和产品生命周期理论等侧重于从企业的垄断优势这种微观层面进行分析，而比较优势理论是真正意义上的关于对外直接投资产业选择的理论，属于宏观层面的分析，为对外直接投资理论提供了新的视角。

二是比较优势理论对于对外直接投资与对外贸易的关系做了明确阐释，即两者可以是相互促进的关系，而并非只能是垄断优势理论中所表明的替代关系。

但是，比较优势理论也存在其局限性。首先，比较优势理论无法解释20世纪80年代以后日本对外直接投资的发展，主要是由于自70年代中期以后，日本的产业结构、经济水平有了相对较为明显的差异和变化，日本的对外直接投资模式也发生了显著变化，即贸易替代型对外直接投资点比逐渐上升，同时，很多大型企业也开始进行对外直接投资。其次，比较优势理论仅针对日本的对外直接投资行为，只能解释以垂直分工为基础的经济基础相对薄弱的发展中国家与经济发展水平较高的发达国家之间的对外直接投资，很难对发展中国家之前的对外直接投资行为进行解释，也很难对水平分工为基础的发达国家之前的投资行为进行解释。[1]

第三节　发展中国家的对外投资理论

20世纪80年代之后，韩国、新加坡等国家和地区的一些并不具备垄断优势的企业开始了国际化经营的进程。而传统的以发达国家为研究对象的对外直接投资理论并不能对这种现象作出合理解释。于是，有学者开始研究发展中国家对外直接投资的理论。从20世纪70年代中期开始，以美国经济学家刘易斯.T.威尔斯（Louis T. Wells）和英国经济学家拉奥（Lall）为代表的一些学者从不同视角对

---

[1] 尹小剑．中国企业对外直接投资的产业选择研究 [M]．北京：经济管理出版社，2014．

发展中国家跨国经营行为进行了探讨，并提出了解释发展中国家对外直接投资活动的小规模技术理论、技术地方化理论等。

一、小规模技术理论

小规模技术理论是由美国著名学者刘易斯.T.威尔斯所提出的，刘易斯.T.威尔斯是哈佛大学教授，其于1977年在《发展中国家企业国际化》一文中提出这一理论。

（一）主要内容

刘易斯.T.威尔斯认为，虽然发展中国家的国际企业与发达国家的国际企业相比并不具备绝对的竞争优势，但是，其与母国市场特征紧密相连的小规模生产技术为其创造了更突出的比较优势，使得其可以直接投资发展中国家来赚取更多利润，获得更好的收益。

1. 小规模生产技术存在优势

由于许多发展中国家国内市场规模有限，制造业厂商无法获得规模经济，因此，与发达国家厂商相比存在规模劣势。但是，小规模技术理论认为，尽管如此，发展中国家依然能够通过针对小规模需求的小规模制造技术获得独特的竞争优势。基于丰裕的劳动力要素，发展中国家的小规模技术通常是劳动密集型的，符合其生产要素特点，并且由于生产规模较小，这些技术也具有相当的灵活性，能够满足消费者多样化的需求。

2. 对当地资源进行利用

由于外汇限制、出口运输成本较高等原因，发展中国家企业在东道国建厂生产时，会积极寻求东道国当地的原材料、技术、设备、人才等资源。这种能够利用当地资源替代原本需要进口的材料的技术，不仅使对外直接投资企业在东道国拥有了发达国家跨国公司所不具备的特殊技术和低成本优势，而且加强了与东道国的经济合作关系，有利于对外直接投资企业在东道国的稳定发展。这种当地采购的优势，在民族产品的生产方面则体现得更加明显。具有母国特色的特殊产品的对外直接投资，通常是为了服务海外同一群体而进行的，这些产品通常适合东道国市场需求。

3. 运用低价促销策略

发展中国家的跨国公司通常利用低价促销方式来进行营销，广告营销投入较少，更多的是注重老客户的维护和新客户的开发，同时，在生产过程中雇用低价劳动力，投入较低的管理费用和建厂费用。这一低价策略不仅使发展中国家跨国公司获得价格竞争优势，而且使其产品价格更加符合发展中国家的收入水平。而发达国家的跨国公司则更倾向于通过差异化的产品、巨额广告营销投入、建立良好品牌信誉来占领市场份额，营销成本较高，导致产品的价格竞争力不强。

（二）理论评价

小规模技术理论将技术的改造、创新与发展中国家的生产要素、市场环境结合起来分析发展中国家的独特优势，这突破了传统对外直接投资理论关于垄断优势的局限性。小规模技术理论对于指导发展中国家的对外直接投资具有重要的启发意义，它指明尽管发展中国家并不具备发达国家所拥有的先进技术、规模经济等垄断优势，但是它们依然有足够的动力和竞争优势参与到国际化经营与生产之中。但是，小规模技术理论也存在一些不足之处。

首先，小规模技术理论认为，发展中国家的竞争优势仅来源于小规模的制造技术，忽略了发展中国家的竞争优势是动态变化和发展的，可能会导致这些国家在国际生产体系中的位置永远处于落后的地位。

其次，小规模技术理论对于发展中国家企业投资于技术密集型行业这一现象难以作出合理解释。

最后，随着发展中国家对发达国家直接投资日益增长，小规模技术理论也显现出其局限性。

二、技术地方化理论

1983 年，英国经济学家拉奥（Lall）在《新跨国公司：第三世界企业的发展》一书中，提出了技术地方化理论。

拉奥通过对发展中国家的跨国公司的对外直接投资行为进行研究，发现发展中国家的跨国企业可以通过将引进的技术进行消化和创新，使得产品更适合自身的经济条件和需求，即完成技术地方化或者技术当地化，形成自身的独特技术优势,这就是技术地方化理论。

技术地方化理论认为,发展中国家从发达国家引进先进技术的过程实际上就是一种技术再生的过程,是一种结合发展中国家市场特点与需求对技术进行消化、吸收与再创新的过程,而不是对引进的技术进行被动地复制与模仿。凭借这一技术创新过程,发展中国家跨国公司形成了独特的技术优势,进而与发达国家相比形成了自身的竞争优势。技术地方化理论认为,发展中国家能够形成和发展自己的独特优势主要有以下五个因素:

（1）对于从发达国家引进的技术,将其与发展中国家当地的生产要素价格、产品质量、资源禀赋相结合,保留引进技术的基本性质,去除技术的高端部分,那么,发展中国家就能够利用已经成熟的技术创造出适应于本国环境的技术,这就是技术地方化的过程。

（2）对技术进行地方化改造之后,对外直接投资企业可以利用这种技术在收入水平相当的发展中国家或邻国生产出能够满足当地市场需求的产品,由此获得特殊的产品竞争优势。

（3）除了地方化的技术优势和产品优势,发展中国家同时还会获得小规模技术的经济收益。当技术改造与小规模制造生产结合时,供给条件与需求条件相匹配,企业更容易占据市场份额。

（4）当东道国收入水平较低或者消费者需求偏好存在较大差异时,低端产品可能比名牌产品更有吸引力,发展中国家生产的低价产品由此同样具备竞争力。

（5）发展中国家向其他发展中国家直接投资时,东道国与母国除了生产要素条件、市场需求存在一定的相似性,也有可能存在民族、文化、语言的共通性,这有利于跨国公司获取当地民众的信任与支持。

技术地方化理论强调,发展中国家对技术的引进不是单纯的复制和模仿,而是需要充分考虑自身实际情况,有针对性和目标性的吸收、消化并进行不断创新,从而形成更强有力的竞争优势。

三、技术创新产业升级理论

20世纪80年代以来,发展中国家特别是一些新兴工业化国家经济持续、高速增长,其跨国公司开始在发达国家从事生产经营活动,并拥有一定的竞争优势。

面对这一新趋势，英国里丁大学的托兰惕诺（Tolentino）和坎特韦尔（Cantwell）将研究目光投射到发展中国家跨国经营理论上，提出了技术创新产业升级理论。

（一）主要内容

坎特韦尔（Cantwell）和托兰惕诺（Tolentino）试图从动态化、阶段化的角度解释发展中国家的对外直接投资活动。他们提出两个基本观点：

一是发展中国家所进行的产业结构升级实质上是技术能力的不断提升和改进，但是技术能力的提升和改进不是一蹴而就的，而是需要有长时间的积累。

二是企业技术能力的提高是与其对外直接投资行为紧密相关。

这一理论认为，发展中国家对外直接投资的产业分布情况和地理分布情况会随着时间的变化而变化，且会有一定的规律性。

首先，在地理分布层面，这一理论认为，发展中国家的对外直接投资的区位分布与本国技术水平或经济发展情况相关联，会随之发展而发生相应变化。部分发展中国家跨国公司在一定程度上有"心理距离"的心理影响，会优先考虑在周边国家进行投资，当积累了一定的经验后，才会逐渐进入其他发展中国家市场。当管理经验和生产经营能力提升到一定程度后，为了更发达先进的技术会选择投资发达国家。

其次，在产业分布层面，发展中国家对外投资企业选择产业时，会优先考虑劳动密集型产业，后续将发展为出口导向和进口替代为主的横向一体化生产。随着技术的不断革新和发展以及工业化的不断推进，将逐渐将投资转向高科技领域。

（二）相关评价

这一理论对发展中国家的发展有强有力的启示意味。更为重要的是，这一理论明确指出，发展中国家应当打好地基，做好技术革新发展和积累，在此基础上更好推动工业化的发展进程，优化产业结构，提升对外直接投资结构的合理性和科学性。

然而，这一理论实际上以发展中国家与发达国家之间的技术差距无法缩小这一假设为前提，把现有的技术水平作为影响企业跨国经营活动的决定因素，认为发达国家在技术层面处于优势，具备技术创新的主动权和能力，发展中国家却只能处于尾端，只能进行简单、局部的创新和改进。因而，尽管发展中国家积极开展对外直接投资，却不可能改变传统的垂直分工格局。①

四、投资发展周期理论

20世纪80年代，英国经济学家 J. H. 邓宁在《解释不同国家国际直接投资定位：一种动态发展路径》一书中，从动态角度论述了"一个国家对外直接投资流量和该国经济发展水平具有高度相关性"这个命题，从而提出了投资发展周期理论。作为国际生产折中理论的发展与延续，投资发展周期理论能对发展中国家的对外直接投资行为进行有效解释，意义重大。

（一）主要内容

这一理论的核心思想是：一国对外直接投资倾向往往由本国的经济发展情况所决定。J.H. 邓宁根据人均国民生产总值（GNP）将经济发展水平分为四个阶段：

1. 第一阶段

人均 GNP 在 400 美元以下。这一阶段的国家一般是处于初级工业化阶段的最贫穷国家，主要特征是该国内流的直接投资很少，外流的直接投资为零。在这一阶段，由于国内产业结构不合理、技术基础薄弱等原因，企业几乎没有所有权优势，也没有内部化优势。另外，由于国内市场容量小、基础设施不完善、投资的政治法律环境较差等原因，区位优势不足，难以吸引外国直接投资流入。

2. 第二阶段

人均 GNP 在 400—2000 美元区间。这一阶段的国家属于中低收入国家。在这一阶段，本国需求层次提高，市场规模扩大，市场开放程度增加，投资环境不断优化，逐渐显现的区位优势吸引了外资的大量流入，并且主要集中在劳动密集型行业和资源密集型行业，但对外直接投资却还是较少。同时，对外直接投资还只是处在起步阶段，内部化优势和所有权优势依旧缺乏，所以一般会选择在邻国进行少量的对外直接投资以获取外国的技术和市场。

---

① 邢建国. 对外直接投资战略选择 [M]. 北京：经济科学出版社，2003.

3. 第三阶段

人均 GNP 在 2000—4750 美元区间。这一阶段的国家对外直接投资速度相对较快，虽然对外直接投资净额还是负的，但是资本流出的速度超过资本流入的速度，标志着本国对外直接投资开始进入专业化阶段。在第三阶段，某些拥有知识资产优势的企业开始对外直接投资，本国企业的所有权优势和内部化优势逐渐增加。此时，本国所有权优势较强而区位优势较弱的行业对外直接投资会增加，本国所有权优势较弱而区位优势较强的行业依然会吸引外资的流入。

4. 第四阶段

人均 GNP 在 4750 美元以上。这一阶段的国家是发达国家行列，外资流入速度要低于对外直接投资的增长速度，对外直接投资净额为正值且逐渐扩大。一方面，发达国家拥有雄厚的资金、技术、管理技能等所有权优势，以及通过内部化来开拓这些优势的能力；另一方面，本国劳动力成本较高。基于这两方面原因，发达国家对外直接投资的动机非常强烈，它们会根据其全球战略来利用东道国的区位优势，在全球范围内进行产业链布局。

投资发展周期理论的最终结论是，一国的国际投资地位与该国经济发展水平呈正相关关系。另外，J.H. 邓宁指出，发展中国家进行对外直接投资活动的动机，来自其自身不断增长的所有权优势、内部化优势和区位优势。

（二）相关评价

投资发展周期理论将企业内部优势与国家经济发展阶段结合，对外直接投资动因作出了新的解释，说明一个国家自身所拥有的宏观经济环境能够严重影响本国的对外直接投资活动，在某种程度上揭示了国际投资活动规律性的发展趋势。

但是，投资发展周期理论也存在明显的局限性，认为一国人均国民生产总值是影响其国际直接投资地位的唯一因素，这一逻辑显然过于片面，难以经受实践的检验。

综合以上内容，得出如下结论：对外直接投资理论是随着跨国经营活动的发展而演进的，具有明显的历史阶段性和国别差异性。

历史阶段性是指，对外直接投资理论体系是随着历史的演进与国际经济的变化而不断发展的。20 世纪初，以英国为首的西方发达国家开始殖民扩张，在此背景之下企业国际化运作正式开始进入世界舞台。所以，当前学术界广泛流传并广受欢迎的对外直接投资理论大多诞生于西方国家。在这一时期，世界经济增长的主要决定因素是资本的规模扩大，工业高度发达、市场经济体系完善的发达国家凭借其资本、技长等垄断优势在对外直接投资中占据优势地位，成为重要主体，并积极开展海外扩张。在经过一段时间发展后，对外直接投资主体更加丰富，发展中国家在该方面迅速发展，世界经济格局已经发生了较大变化，以发达国家为研究主体的传统对外直接投资理论的部分前提没办法成立。因此，对外直接投资理论中围绕发展中国家的理论部分不断出现和完善。

国别差异性主要是说，发展中国家和发达国家对外直接投资理论体系存在较大差别，这种差别体现在对于对外直接投资主体、区位选择、产业选择和投资动因等方面的分析上，两种理论体系的适用性不同，所具备的特点也不相同。

发达国家对外直接投资的理论体系发展较快，内容较为完善，其理论体系的重要特点是将市场不完全作为重要假设前提，将垄断优势作为重要研究内容。但大部分发展中国家方面所持有的理论体系的重要特点，则是更加突出技术更新、积累的重要性，对发展中国家的对外直接投资起到强有力的引领作用和启示作用。即发展中国家应该对引进的技术进行吸收、改进和创新，形成独特的优势。

对于中国而言，国际上日趋成熟、完善的对外直接投资理论体系对其对外直接投资行为有较高的参考价值和引领作用。小规模技术理论、技术创新产业升级理论、技术地方化理论等都能对发展中国家的对外直接投资行为进行有效解释，为中国在直接投资方面提供有效引导和帮助。

目前，中国企业对外直接投资的地区以发展中国家为主，由于经济结构和收入水平与东道国相似，中国对外直接投资企业的技术只需要进行细微变化就能适应当地市场，所反映的就是小规模生产和劳动密集型技术特征。例如，中国在东南亚和非洲等发展中国家投资家电业和纺织业时所采用的就是小规模制造技术，管理费用和技术费用较低，同时，具有更大的灵活性和适应性。

尽管传统的跨国经营理论将发达国家的跨国公司作为研究主体，并且存在一定的局限性，但是从客观意义上来说，这些理论揭示了对外直接投资内在的一般规律，因此，一些经典的发达国家跨国经营理论对于中国同样具有一定的启示作用。比如，产品生命周期理论对中国进行对外直接投资的启示在于：

首先,在某些产品生命周期的成熟化阶段,中国拥有标准化的技术,若对这些技术进行创新,就可以使其适应本国的生产要素特点与市场需求特点,获得独特的竞争优势,进而向其他发展中国家进行对外直接投资;其次,在投资区位方面,发展中国家应该选择经济发展程度低于本国、拥有更低劳动力成本的其他发展中国家。[1]

同时,对外直接投资活动解释的比较优势理论对中国的启示在于:首先,中国在选择投资国家和地区时,可以优先考虑技术水平相对较低的发展中国家,这样更容易占领当地市场;其次,由于中国对外直接投资企业规模一般不大,具备更强的灵活性,依据比较优势理论,在开展对外直接投资时,更容易获得成功;最后,比较优势理论强调对外直接投资并不一定需要具备绝对优势,中国可根据自身的比较优势进行对外直接投资,由此推进中国企业国际化经营的发展。

---

[1] 李雪欣. 中国跨国公司论 [M]. 沈阳:辽宁大学出版社,2002.

第二章 我国对外直接投资概述

本章的主要内容是我国对外直接投资概述，分别从四个方面进行相关论述，依次是我国对外直接投资的历程、可行性与必要性、可能存在的影响因素、我国对外直接投资的效应分析。

第一节 我国对外直接投资的历程

自 1949 年中华人民共和国成立起，国内企业就有了对外直接投资的准备与行动。然而，限于各种外界干预及内部阻碍，之后的对外直接投资进程并不如预期的那样理想。在 1978 年之前，我国的对外直接投资形式以国有专业外贸公司为主，运作的方式也仅是在海外建立办事处而已，缺乏新建等绿地投资，更难以开展连续性的后期投资追加。而该期间的投资主要是为了便利国内出口企业的对外出口而展开，即我国学者卢进勇在其研究中所提到的贸易型对外投资。[①]

随着 1979 年 8 月 13 日国务院颁布 15 项相关改革措施，改革开放思想逐渐生根发芽。在这 15 项措施中，第十三项措施明确写到允许我国的相关企业"出国办企业"，由此引发了一系列的重大变化。一些进出口企业由于长期从事进出口业务，拥有了较为丰富的海外资源与人脉，且较为了解海外的消费偏好、当地人文习俗以及政府的法律条文，因此，这些企业便率先在海外开设外销固定场所以及相应的海外办事处，便于国内外相关机构之间的交流。其中，1979 年 11 月成立的京和股份有限公司，就是我国第一家境外合资企业，它的建立具有时代标志性意义，同时也是我国对外直接投资历史上的一个开端式标志。

---

① 卢进勇. 入世与中国利用外资和海外投资 [M]. 北京：对外经济贸易大学出版社，2001.

改革开放以来，随着我国综合国力的不断增强以及外汇储备的持续增加，我国的对外直接投资更是迈上了一个新台阶。从早期零散的海外投资逐渐演变为大规模全球性的海外投资布局，并从战略性的角度对我国对外直接投资的空间进行区域性规划，无论是出于资源寻求型还是技术寻求型的投资目的，我国的对外直接投资都为我国今后的可持续性发展作出了很大的贡献。

一、起步时期

1979—1984年为中国对外直接投资的起步阶段。在该阶段初期，我国面临着社会主义经济建设，充分发挥市场经济的资源优化配置效应，提高广大群众的工作积极性与参与度。然而，作为开局之年，1979年我国的国内生产总值仅为2613.9亿美元（按当年价格计算），且人均国内生产总值不足300美元，人均可支配收入非常少。为了更好地融入世界经济，虽然当时我国的外汇储备仅有8.4亿美元，但国家仍然作了长远发展的部署。

首先，通过我国的出口贸易赚取外汇；其次，通过我国对外的招商引资获取外汇，只有通过出口与引资积累足够的外汇储备，才谈得上后续的对外直接投资。

此后，1979年11月，我国第一家中外合资企业正式成立，即京和股份有限公司，它是由我国北京市友谊商业服务公司与日本东京丸一商事株式会社共同创建的，是真正意义上的境外合资企业。在随后的几年，我国政府陆续颁布了三个与对外直接投资密切关联的规定及办法，包括《关于在国外开设合营企业的暂行规定》《关于在国外开设非贸易性企业的暂行规定》《中国对外投资开办非贸易性企业的暂行审批程序和管理办法》，这都为今后的发展打下了坚实的前期基础。

具体地，在该阶段，我国有113家企业加入对外直接投资的行列，它们主要投资于发展中国家以及我国的港澳地区，投资的行业则主要涉及餐饮业以及建筑工程承包行业（表2-1-1）。[1]

---

[1] 孙建中. 资本国际化运营——中国对外直接投资发展研究[M]. 北京：经济科学出版社，2000.

表 2-1-1　1979—1984 年中国企业境外非贸易直接投资情况

年份	当年企业数（家）	累计企业数（家）	当年投资额（亿美元）	累计投资额（亿美元）	累计中方投资额（亿美元）
1979	4	4	0.012	0.012	0.005
1980	13	17	0.680	0.692	0.317
1981	13	30	0.070	0.760	0.320
1982	13	43	0.060	0.820	0.370
1983	33	76	0.190	1.010	0.460
1984	37	113	1.030	2.040	1.270

二、探索时期

1985—1991 年是中国对外直接投资的探索阶段。在该阶段的伊始，我国就颁布了《关于在国外开设非贸易性合资经营企业的审批程序和管理办法》，而在该办法的书面条款中，明确记录着"鼓励国内各企业、事业单位到国外举办合资经营企业"，这无疑为我国的对外直接投资发展注入了一针强心剂。在具体的办事操作上，该办法进一步简化了我国独有的审批手续，对于 100 万美元内的投资项目，可由其主办单位的上级部门向上申报征求同意。该办法一出，当年的项目审批增长迅速，一年就审批通过了 76 个对外投资项目。

在这一阶段末期，我国积累的海外投资额已增加到了 31.49 亿美元，投资的动机除出口创汇之外，还呈现出了增加国际交流合作、有效利用国外稀有资源等多元化目的，在投资布局上，投资涉及 45 个地区和更多行业门类。上述变化表明，我国企业的国际化经营正式起步[①]（表 2-1-2）。

---

① 孙国辉. 集团公司全球战略 [M]. 北京：清华大学出版社，2005.

表 2-1-2 1985—1991 年中国企业境外非贸易直接投资情况[1]

年份	当年企业数（家）	累计企业数（家）	当年投资额（亿美元）	累计投资额（亿美元）	累计中方投资额（亿美元）
1985	76	189	0.92	2.96	1.77
1986	88	277	1.11	4.07	2.30
1987	108	385	13.73	17.8	6.40
1988	141	526	1.18	18.98	7.15
1989	119	645	3.25	22.23	9.51
1990	156	801	1.67	23.90	10.58
1991	207	1008	7.59	31.49	13.95

三、快速发展时期

1992—2001 年是中国对外直接投资的快速发展阶段。在该阶段的初始年，党的十四大召开，在该次会议中我国正式提出了社会主义市场经济，这是一次历史性的会议，为今后我国的巨大变革与快速发展埋下了种子。通过将市场经济与我国社会主义制度相结合，激发企业的自主能动性，引入市场竞争机制，优胜劣汰，提高生产效率。在该概念被提出的当年，我国的对外直接投资金额就增加了 3.56 亿美元，市场活力被激发。

在随后的一段时间，我国面临了国内资源供不应求的局面，当时国内的石油及矿石资源存在巨大的进口需求。为了我国经济的持续发展，对于原材料的需求就形成了当时的对外直接投资动机之一，即资源寻求型 OFDI。从国家的资源战略安全出发，通过海外市场的巨大资源供给，可为我国的资源供应提供巨大的市场，这也是当时我国进一步推动对外直接投资的动因之一。[2]

然而，在该阶段中，随着亚洲金融危机的爆发，平稳的发展过程被斩断。始于泰国，后经马来西亚，最后在中国香港爆发的一场巨大金融危机，使我国的对

---

[1] 孙建中. 资本国际化运营——中国对外直接投资发展研究 [M]. 北京：经济科学出版社，2000.
[2] 杨海恩. 中国石油企业对外直接投资研究 [D]. 武汉：武汉大学，2013.

外直接投资在 1997 年和 1998 年出现了大幅度的下降，发展速度放缓。

直到 1999 年，为恢复并促进我国的对外直接投资，政府发布了《关于鼓励企业开展境外带料加工装配业务的意见》，出口模式也由之前的来料加工向进料加工转变。其间，轻工、纺织等家用电器机械电子以及服装加工等行业开始了这一轮的蓄力。

在此之后，2000 年我国通过了《中共中央关于制定国民经济和社会发展第十个五年计划的建议》，初次明确了"走出去"战略的实施。该战略的提出为今后的对外直接投资奠定了政府支持基础，极大地鼓舞了国内企业的对外直接投资热情，同时也标志着我国 OFDI 发展进入了快速发展阶段（表 2-1-3）。[1]

表 2-1-3　1992—2001 年中国企业境外非贸易直接投资情况

年份	当年企业数（家）	累计企业数（家）	当年投资额（亿美元）	累计投资额（亿美元）	累计中方投资额（亿美元）
1992	255	1363	3.56	35.05	15.91
1993	294	1657	1.87	36.92	16.87
1994	106	1763	1.25	38.17	17.85
1995	119	1882	2.07	40.24	18.58
1996	103	1985	4.94	45.18	21.52
1997	158	2143	3.25	48.43	23.49
1998	253	2396	2.67	51.10	25.83
1999	220	2616	6.19	57.29	31.74
2000	243	2859	6.22	63.51	37.25
2001	232	3091	7.90	71.41	44.33

四、高速发展时期

2002—2008 年为中国对外直接投资的高速发展阶段。2001 年"走出去"战

---

[1] 董志凯. 改革开放与跨国（地区）投资历程考察[J]. 桂海论丛，2013（01）：34-39.

略的正式提出标志着中国对外直接投资正式步入了新的增长阶段。在该阶段，随着中国成功加入世界贸易组织（WTO），中国企业在面临更多发展机遇的同时也面临着更为激烈的国际竞争，那么如何更好地利用好国际、国内两种资源，如何培育我国的跨国企业并形成品牌效应，就成了该阶段各界热议的话题。

此时，为更好地实施"走出去"战略规划，我国政府在对外直接投资的管理体制和服务方面展开了较大变革。

2004年，我国通过了《国务院关于投资体制改革的决定》，该决定标志着我国对外直接投资核准制的正式起步，相应地，管制被放宽，审批程序更为人性化。

2005年，我国政府发布了《关于印发"对外经济技术合作专项资金管理办法"的通知》，采用直接补助以及贴息的方式对我国的对外直接投资企业进行政策性支持。随着《对外投资国别产业导向目录》《境外投资产业指导政策》《境外投资产业指导目录》的发布，我国对于企业的境外投资指标与服务更上一个台阶，对于那些初次探索国际市场的企业而言，无疑是异常重要的政府指导，为其境外投资提供了重要参考。

截至2008年，我国的境外企业数已达到12000家，投资遍布全球174个国家和地区，我国OFDI流量达到了559.10亿美元。经过改革开放的探索与发展，我国的对外直接投资变得更均衡、更多元。无论是国有企业、有限责任公司还是股份制公司的投资主体多元化，还是商业服务、金融、批发零售、采矿等行业分布的多样性，都预示着我国当初对外直接投资布局的战略成功性（表2-1-4）。

表2-1-4　2002—2008年中国对外直接投资流量、存量与占比情况[①]

年份	中国对外直接投资流量（亿美元）	占发展中国家对外直接投资流量比重（%）	占世界对外直接投资流量比重（%）	中国对外直接投资存量（亿美元）	占发展中国家对外直接投资存量比重（%）	占世界对外直接投资存量比重（%）
2002	25.18	5.64	0.48	371.72	3.96	0.47
2003	28.55	5.51	0.49	332.22	3.18	0.33

---

① 根据联合国贸易与发展会议数据库（UNCTAD Stat）相关数据计算得到。

续表

年份	中国对外直接投资流量（亿美元）	占发展中国家对外直接投资流量比重（%）	占世界对外直接投资流量比重（%）	中国对外直接投资存量（亿美元）	占发展中国家对外直接投资存量比重（%）	占世界对外直接投资存量比重（%）
2004	54.98	4.84	0.60	447.77	3.69	0.38
2005	122.61	8.69	1.36	572.06	4.07	0.46
2006	211.60	8.72	1.48	750.26	4.01	0.48
2007	265.10	8.10	1.17	1179.11	4.53	0.61
2008	559.10	16.52	2.80	1839.71	7.13	1.11

五、稳步发展时期

2009—2017年是中国对外直接投资的稳步发展阶段。在这一阶段，我国不仅经历了国际金融危机的恢复期，还面临着改革开放40周年的成果检验。虽然我国也受到了2008年国际金融危机的影响，出口面临着国外需求不足的窘境，但此时的对外直接投资逆势而上，表现出了不降反增的良好发展趋势。

在管理上，我国政府进一步放松了管制，对于境内机构在境外的投资及其形成的资产和相关权益等，不再进行强制的结汇措施，而是转为自愿结汇，进而采取外汇登记及备案制度。[①] 我国外管局在2009年出台的《境内机构境外直接投资外汇管理规定》，使我国的对外直接投资更为便利。2012年，我国外管局在上述规定的基础上，又进一步地简化了资金汇回及境外放款外汇管理，同时还适当地放宽了个人对外担保管理。

2014年，随着《境外投资项目核准和备案管理办法》的通过，备案制管理在更多行业生效，这标志着我国对外直接投资的备案制全面开花。

---

① 姚枝仲，李众敏．中国对外直接投资的发展趋势与政策展望[J]．国际经济评论，2011（02）：127-140．

截至2017年底，中国对外直接投资流量突破1500亿美元，7年内增长了近2倍。

值得注意的是，截至2014年底，我国的对外直接投资额第一次超过了我国的外商直接投资额，即OFDI＞FDI，这使我国成了资本的净流出国，同时也是我国对外直接投资发展的重要里程碑，为我国改革开放40周年献礼（表2-1-5）。

表2-1-5　2009—2017年中国对外直接投资流量、存量与占比情况[①]

年份	中国对外直接投资流量（亿美元）	占发展中国家对外直接投资流量比重（%）	占世界对外直接投资流量比重（%）	中国对外直接投资存量（亿美元）	占发展中国家对外直接投资存量比重（%）	占世界对外直接投资存量比重（%）
2009	565.30	20.43	4.83	2457.55	8.31	1.25
2010	688.11	16.35	4.69	3172.11	9.10	1.49
2011	746.54	17.67	4.36	4247.81	10.66	1.94
2012	878.04	19.95	6.52	5125.85	11.14	2.14
2013	1010.00	22.24	7.16	6135.85	12.29	2.33
2014	1231.20	23.78	9.34	8826.40	16.43	3.56
2015	1456.70	35.61	9.88	10978.60	19.59	4.38
2016	1961.50	48.23	8.46	13573.90	22.14	5.52
2017	1582.90	51.51	11.1	18090.40	19.68	5.90

六、近几年

在人民币不断朝国际化发展的过程中，投资和贸易便利化是推动人民币走向国际化的有效抓手。中国在2021年对外直接投资方面发展迅速，存量达2.7

---

① 根据联合国贸易与发展会议数据库（UNCTAD Stat）相关数据计算得到。

万亿美元，流量达 1400 亿美元，在世界中占据较为靠前的位置，且整体上升趋势令人瞩目。从人民币国际化的角度来看，我国的对外直接投资发展较快，增长速度较高，结算渗透率整体较高，这也为人民币这一载体创造了更好的发展空间。

从我国对外直接投资过程中人民币使用率和整体规模来看，人民币在对外投资中的使用率和对外投资流量规模在全世界中的占比，都保持较好的发展现状和上升趋势。从人民币使用这一层面分析，根据 2020 年中国银行对境内外 3200 家企业的调查分析，人民币在对外直接投资中的使用率有了较大的提高，但依旧有接近 49% 的企业在对外直接投资中对人民币的使用率不高，使用率不超过 20%，有 22% 的企业甚至在对外直接投资中不使用人民币。从对外直接投资规模这一层面进行分析，依据联合国贸易和发展会议（UNCTAD）《2021 年世界投资报告》公布的数据来分析，中国在 2020 年对外直接投资规模十分庞大，达 1537 亿美元，占全世界总流量的 20.2%，已正式登上世界第一的位置。对外直接投资的存量规模也十分可观，达 2.58 万亿美元，占世界总量的 6.57%，占比仅低于美国（20.7%）。总而言之，我国在对外直接投资方面已经取得了一定的成就，但依旧存在较大的进步空间，特别是与欧美等国家相比，还存在一些不足。

投资产业更加侧重于传统商贸行业。根据《2020 年度中国对外直接投资统计公报》的统计数据，统计至 2020 年，我国对外直接投资存量分布最多的六个行业，分别是采矿业（6.8%）处于第六位，金融业（10.5%），制造业（10.8%），信息传输、软件和信息技术服务业（11.5%）。批发和零售业（13.4%）属第二大行业、租赁和商务服务业占比最大（32.2%）。通过数据可以发现，占比前两位的行业总占比达 45.6%，集中在贸易流通和商务服务等行业和领域。

投资的"逆经济周期"特性不明显。2008—2020 年是中国对外直接投资流量增长较快的阶段，年均增速近 18%，世界经济的年均增速却仅是 4%。这一时期内，两者的相关系数为 0.008，表明两者之间的相关性非常低，甚至可以说没有任何关系。在 2017—2019、2008—2009 年这两个阶段内，我国对外直接投资出现了较大的两次波动，第一次波动呈周期无关性，第二次呈现顺周期特征，都没有体现出"逆经济周期"特征。根据学术界的理论研究分析，若对外直接投资是"健康的""积极的"，那么应当呈现出"逆周期"波动特征和规律，也就是根据经济发展趋势控制投资，经济形式一片较好的情况下应当提高警惕，适当控制投资，经济萧条的情况下应当加大投资力度，更好地把握机遇。比如，在上一轮经济周期（2004—2010年）中，美国跨国公司对外直接投资就表现出了极强的"逆周期"特性。美国跨国公司在全球经济增速最高点投资增速最低，全球增速最低点则是跨国公司的增速最高点。美国对外投资逆周期策略已成为常态（图2-1-1、图2-1-2）。

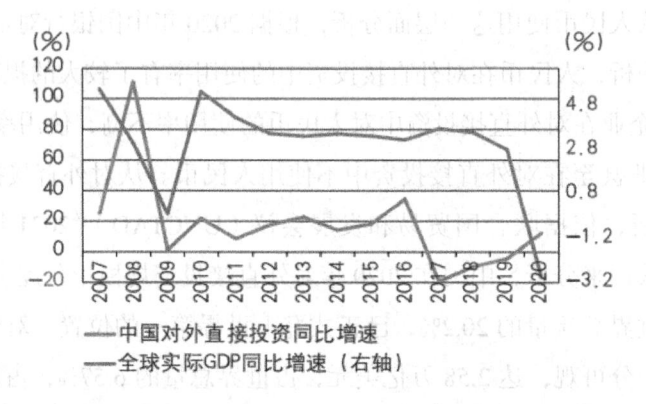

图2-1-1 2008—2020年全球GDP增速与中国对外直接投资增速

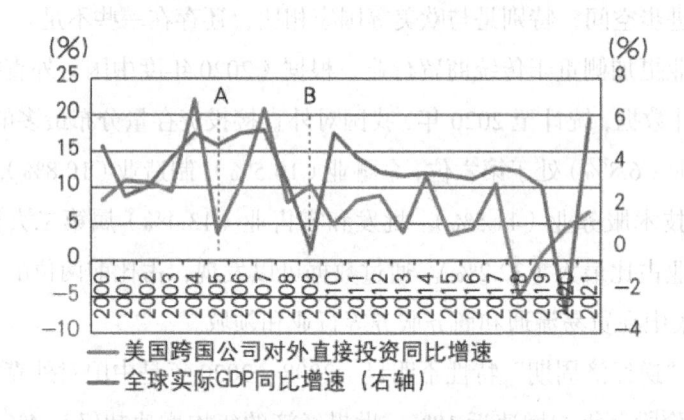

图2-1-2 2000—2021年全球GDP增速与美国跨国公司对外直接投资增速

我国在对西方国家的投资并购行为受到较多阻碍，遭遇较多困境。中国对欧美国家进行投资更多侧重于技术型企业，越来越多受到西方政治干预。如美国在2018年发布了新修订的《外国投资风险审查现代化法案》（FIRRMA），在新修订的法案中将外国投资委员（CFIUS）的审查权限、范围都进行了扩大，进一步强化了终止交易权、重启审查权等权限。在这种情形下，中国企业想要在美国进行投资需要经受更繁琐、更严格的审查。根据商务部提供的数据分析，2016—2020年，中国对美直接投资额下降较为明显，由170亿美元直接下降到60亿美元，下降幅度达到65%。在这一时期内，中国对法国、德国等国家的直接投资额也出现了大幅下降，分别为90%、42%。这也导致中国对外投资面临较大的增长压力。

中小企业的金融服务门槛高。国内企业在开展对外直接投资时，可能会遇到跨境汇兑、投资担保、融资等服务支持力有限的情况，影响投资的正常开展。在跨境汇兑层面，若企业选择用人民币开展投资，则在对外投资项目的正常运转运营和收益流回等都需要牵扯到当地货币和人民币的兑换。但有些国家，经济水平有限，金融行业发展不足，想实现当地货币和人民币的自由兑换难度较大，甚至无法实现，进而影响人民币在境外投资方面的使用率。在投资担保层面，所涉及到的承保、投保程序较为复杂，保险条款较多较为复杂，对部分中小企业而言，适用性不强。在融资层面，依据商务部的相关数据，2006—2020年中国对外直接投资份额中，非国有企业数量不断增多，规模不断增大，在全国投资份额中所占的比重不断提升，已由19%逐渐提高到53.7%。融资能力的高低对于中小型民营企业等对外投资行为有非常重要的影响。因为我国政策性银行的境外贷款门槛相较而言较高，导致很多非国有企业特别是中小型民营企业无法达到银行要求的担保能力标准，无法达到境外贷款的条件要求，影响了中小型企业对外投资的可能性和积极性。

境外投资制度不完善。在投资审批层面，企业对外直接投资审批流程繁杂，面临着多重审批的局面，影响对外投资积极性。在投资促进层面，投资咨询服务不到位，投资相关信息宣传不到位，目前只有商务部投资促进局承担着投资促进的责任，也有一些其他机构能够提供投资服务，但大多是非营利组织，如国际经济交流中心等，且大多设置在政府部门下，民间投资咨询机构相对较少。在双边协定层面，我国已经和一百三十多个国家建立了友好关系，签订了双边投资保护协定，但还未跟发达国家签订投资协定，已经签订的协议也没有形成强有力的保护作用，还没有确立代位求偿机制。

第二节 我国对外直接投资的必要性与可行性

在 21 世纪初,经济全球化趋势不断推进,中国如何面对经济全球化的趋势,如何在激烈的竞争中抢占有利地位,如何更好应对可能会出现的机遇和挑战,是需要慎重思考并对待的重要问题。

一个国家经济的发展和腾飞需要对外经贸的飞速发展支持。我国对外经贸发展整体状况较好,进口贸易、出口贸易、利用外资、对外投资紧密结合起来,尤其是投资和贸易之间的关联日益加深,两者之间相辅相成、相互推动。因此,需要加强对外贸易的重视,完善政策支持,加大对外投资的吸引力度,提高对外投资的针对性、目标性和规范化,更好巩固海外市场,更好提高我国的经济实力,确保我国能够在世界经贸中占据有利地位。

同时,我国进入 WTO 后,用世贸组织的规则更好约束和指导对外经贸行为,在经济全球化的趋势下,我国的各个企业、各个行业都需要面临更加激烈的市场竞争,都需要不断武装自我,以更积极的姿态投身到竞争中,提高竞争实力,避免"被边缘化"的局面。

一、相关背景

在经济全球化日益加深的当下,国际投资和世界贸易之间的关联日益密切,必须充分意识到国际投资的重要性,要充分认知到其对世界经济发展的重要影响和推动力,要充分认知到国际投资的增长速度、规模大小、数量多少能够影响国际贸易扩大国际投资。国际贸易开展过程中,往往会出现贸易推动投资、投资拉动贸易的结果和状态,两者相辅相成、相互推动。租赁业务、进料加工、来样加工、补偿贸易、来料加工等投资形式,也与国际贸易的发展息息相关。

总而言之,在世界对外投资中,发达国家依旧是投资流出和流入的主体,发展中国家还无法超过发达国家,暂处在次要地位。

在经济全球化的飞速发展下,各国所持有的参与态度更加积极,经贸体制更加优化和完善,也更重视和培养高新技术产业的发展,更好促进产业结构的升级和完善。世界产业结构中,发达国家的产业结构进一步优化和调整,第一、二产业在整体中所占的比重不断降低,第三产业则进一步得到培育和引导,所占比重持续提升,且高新技术产业得到了进一步发展,不断推动进程,以便能更好在激烈的市场竞争中获得优势,同时,高新技术产业进程不断推进,各国为了更好应对经济竞争,扩大竞争优势,发达国家跨国企业不断发起兼并浪潮,妄图瓜分全球市场,且发起的兼并活动规模庞大,涉及领域广泛。

一体化国际生产是当前世界经济发展的趋势和重要特征。通信技术、信息方面的跨越式革命有效促进子母公司之间的协同性和一致性。虽然大部分中小企业都可以如同跨国公司一般正常经营,但随着将面临的激烈的竞争,为了更好延续和发展,加强对外投资也必然成为中小企业的必由之路。

在世界经济全球化的趋势下,我国经济已经发生了转变,逐渐从卖方市场转变为低水平的买方市场。随着经济的进一步发展,生产能力得到有效提升,产业规模得到进一步扩大,市场总量供给大于有效需求,导致市场对于低档次产品的实际需求在一定程度上呈现下降趋势。结构性矛盾日益突出,特别是工业方面,产业结构层次相对较低,制造业技术水平相对有限,竞争力无法得到有效体现,服务业层面较发达国家还存在较大差距。我国产业发展存在问题的重要原因是主要产业的装备水平相对较低,关键技术相对较为落后;高技术产业经费投入不足,无力支持研发的有效开展,整体规模还不够庞大在一定程度上影响了高新技术产业化步调,也影响传统产业的转型升级;地区产业同质化较为严重,产业结构基本一致,很难突出地区特色,展示比较优势。

二、我国对外直接投资的必要性

在经济全球化趋势和背景下,在中国积极参与世贸组织的大背景下,为了践行对外开放政策,必须充分意识到加强对外直接投资的紧迫性和必要性。

(一)对外直接投资是主动应对生产分工国际化发展的客观需要

"二战"后,科技得到了有效发展,国际商品分工逐渐转变为国际生产分工,生产要素开始从不同国家进行流转,流动性大大提高,国际分工不断加深加强。

传统模式下强调以自然资源作为分工基础,后转变为以现代技术作为分工基础;传统模式下应用的部门间垂直分工,后转变为部门内部的水平型分工;传统模式下的分工大多由市场自行调配决定，后转变为跨国公司和国家的主观引导和决定。生产分工的有效转变和发展能够有效提高国际竞争的积极性和激烈性，同时也进一步推动了经济一体化和全球化。

但是，就中国实际而言，目前还依赖自然资源开展国际商品分工，还会受市场自发力的影响，国际分工的参与度不强，方式方法有限，依旧以吸引外资为主。这导致我国在国际竞争中难以掌握主动权，影响竞争力。因此，必须加强对外直接投资，加强认知和重视，从而深化国际分工，提高对外经济发展水平，丰富经济活动形式。

（二）对外直接投资是推动国民经济结构调整与企业重组改造的有力杠杆

不断推动企业重组改造和经济结构调整是我国目前及以后的重要目标和道路规划，而想要实现这两个目标，则需要不断推进对外直接投资。

目前我国工业结构中，产业比重不够合理，高新技术类占比过低，中低档制造业则占比过高，整体结构不够科学合理。加强产业升级，需要不断推动高新技术产业的发展，需要在传统产业中引入高新技术，从而提升产业整体素质和层次。在转型升级过程中，可能会存在传统产业生产能力过剩的情况，需要加强重视，及时调整，避免影响整个产业结构状况和转型升级。需要注意的是，过剩的生产能力并不全部是落后的，有些产品质量和技术水平还是能够满足大部分发展中国家和一部分发达国家需求的。因此，需要对这部分生产能力进行重新配置，必须要借助对外投资活动实现，要使更多资产发挥其应有的作用和价值，要更平稳度过调整期，提高结构优化调整效率。要充分借鉴发达国家的经验，他们也是通过将设备转到海外来度过结构转换阶段，实现转型升级的。因此，必须积极引导企业投身到对外投资活动中，要对生产能力进行再配置，从而有效调整经济结构。

调整经济结构需要高新技术产业的支持和推动，要提高技术含量，增加附加值，提高质量和成本的竞争力。这就需要不断投入技术开发，形成生产能力的投资额很大，若小批量生产，可能会影响前期投资额的回报率，也可能会影响企业参与的积极性。我国市场对于高新技术产品的需求量和容量相对有限，必须加强对海外市场的重视，要依托全球市场，开展大规模生产经营。所以，加强对外直接投资能够帮助企业更好定位自我，提高竞争力，也能更好推动高新技术产业发展。

此外，结合世界各国经验，大型企业和跨国经营是紧密联系的，大型企业之所以具备较大规模、获得高知名度，正是通过跨国生产经营活动实现的。国际化发展道路中，企业规模扩张是通过资本积聚得以实现，而非自身资本累积，包含跨国企业的联合、合并以及跨国融资等。因此，必须通过对外直接投资培养规模较大的企业，从而推动企业迈向跨国经营道路。

当前，很多企业扩张的方向有误，只一味追求规模，而非着眼于竞争力。通过对外直接投资能够更好帮助国内企业找到扩张方向，真正突出企业主体作用，围绕市场需求的导向，提高自身实力和竞争力，推动高效发展。

（三）对外直接投资企业参与国际竞争的迫切需要

经济全球化的发展趋势要求资源必须达到最优化配置。想要达到这一要求必须推动生产要素的国际自由流动。结合亚洲部分地区和国家的企业经验，日本较早走向海外投资之路，大约在1970年左右，我国台湾与韩国则是在1980年左右，后续才逐渐扩大在本地开展采购和生产零部件的经营活动，最终提高竞争力和影响力，成为规模庞大的跨国公司。

从企业发展史的层面分析，对外直接投资、境外加工贸易是企业实现国际化经营的有效途径，也是企业实现跨国公司目标的有效举措。目前我国一些具备一定实力和影响力的企业，也在通过这种途径走出去，不断开展跨国化、国际化道路。特别是加入世贸后，面临更激烈的竞争环境，拓展发展空间提高竞争力是必由之路。

（四）对外直接投资是充分利用资源与市场的有效方式

1. 发展对外直接投资有利于稳定国内稀缺资源的供应

我国幅员辽阔、人口众多，虽然资源丰富，但人均占有量较低。在实现工业化的过程中，资源供求矛盾逐渐积聚，如石油、黑色金属、天然气、森林以及渔业、有色金属等。21世纪初，资源匮乏已经初露端倪，很多资源不能满足需要，必须进口，增加了进口压力，若只一味依赖进口贸易，很有可能会被国际初级产品市场价格波动所影响，因此，必须抓住机遇，敢于重拳出击，加强资源开发方面的投入，获得更多主动权。

2. 发展对外直接投资有利于更好地利用国外科技资源

国际竞争环境越来越复杂，压力越来越大，技术处于相对垄断境地且转让限制较为严苛，有些技术虽然可以由发达国家转入，但并不能保证是最先进的技术，通常都是相对较为落后的标准化技术。根据产品周期理论，产品的生命周期一般分为三个阶段：

（1）新产品阶段

生产厂家为了保护自身利益，更好垄断新技术诀窍，充分考量国内市场实际情况，体现容量大的特征，优先安排国内生产，出口供给作为辅助，更好满足国际市场需求。

（2）成熟产品阶段

由于新技术不断发展，日益成熟，产品已经基本定型，由于产品出口扩大迅速，出现了越来越多的仿制品，由此导致生产厂家所具有的垄断优势不再发挥作用。生产厂家为了更好巩固自己的市场占有率，提高竞争中的优势，更好缩减贸易成本，会选择到经济水平基本一致的国家进行投资建厂。总之，在成熟产品阶段，发达国家才可能会出现转让技术的情况。

（3）标准化产品阶段

产品和技术发展已经实现标准化，本国市场已逐渐饱和，同等水平下的发达国家出口量也不断增多，不仅增加对发展中国家的出口量，也开始有意识转让一些标准化的技术。在这种情况下，发展中国家能够借此获得标准化的技术，虽然大部分技术都已比较落后，很难获得新技术，但也有所收获。

另外，高技术转让层面发达国家设定的限制也极为严格，通过开展对外投资，能够有效规避阻碍，提高新技术获得率。

通过对外直接投资，能够和具备先进技术的企业开展合作，共同加强技术研发，从而引入先进技术，还能依托发达国家，借助其拥有的资源和优势，打破垄断情况，获得先进技术，提高本国企业的技术水平。

3. 发展对外直接投资有利于学习国外先进的管理经验

在发达国家投资建厂或跟发达国家企业开展合作等，都需要派出技术专家，共同参与合作，共同开展管理、研究工作，在开展合作过程中，不仅能够了解发达国家企业的发展情况和技术情况，也可以在参与过程中学习管理手段和经验。同时，发达国家企业长时间身处在竞争更激烈的国际市场中，所获取的信息资源更加多元，接触面更广，这些企业对国外市场行情更加了解，也更明确国际资本流向情况。他们将成为我国企业开展国际经济合作、对外交流合作的重要中介和渠道，也能帮助国内企业更好了解和学习丰富的管理经验，提高自身实力。

4.发展对外直接投资有利于更大范围地利用外资

在过去，往往将外资利用和对外投资进行对立，对外资利用实质和内涵的了解不够深入。对外投资虽然是将部分资金投资到国外，看似是资金流出，实际上这部分流出资金能够带动更多可利用外资，也就是在国外利用外资，具体表现在以下几方面：

（1）投资者大多都不是在东道国直接开办独资企业，不是获得100%的控制权、管理权，而是更偏好于开办合资企业，加强对当地资金的利用，寻找能够以商标、专有技术、专利等无形资产入股的合伙人。

（2）从大部分跨国企业的经验看，子公司对外投资资金的筹集途径主要有两种，通过所在国或国际金融市场来对资金进行筹措，并不依赖于母公司。因此，通过以上两种资金筹措方式和技术、设备的输出开展对外投资，不会耗费太多外汇，而劳务费、技术服务费、利润等是外汇收入的重要途径和有效方式。此外，通过在国外购买设备、技术输入到国内，也和国内外资吸纳有同等作用。

（3）对外直接投资能够有效推动金融收益、产业、市场、机构的国际化，也就是通过金融更广阔的范围加强外资引入，从而有效提高经济发展水平。

5.发展对外直接投资有利于扩大海外市场份额

1980年以后，大部分发展中国家推出了投资自由化、贸易和市场化、非国有化的政策，更好推动本国经济的有效发展。1990年以来，投资自由化得到了更有效的发展和推进，出台了更有益的外资引进政策。加强对外国直接投资的吸纳和引入，能够营造良好环境，提高对外投资效率。

发展中国家对外直接投资的吸收政策也是一种资源，若不能为我们所利用，势必将成为其他国家企业的资源。因此，必须抓住机遇，特别是具备较强比较优势和水平的企业，要能够捕捉机遇，要充分利用优惠政策，加强资源开发。通过对外直接投资，能够有效拓宽市场开发力度，抢占市场份额。

在国际经济层面，投资和贸易的联系日益加深。某个国家若通过相对单一的途径刻意强调出口，可能会挤压其生存环境和空间，也影响市场份额的占领和扩大。必须要丰富对外投资手段，更好符合市场运行规律，结合市场发展动向和信息，积极优化售后服务，提高产品附加值，更好符合市场需求，更好占领市场份额。

因此，需要加强对外直接投资，要鼓励企业到国外进行建厂投资，推动境外加工贸易的发展，更好推动国内技术、设备、原材料、零部件的出口。要充分了解和利用境外加工贸易的特点和属性，使其成为出口贸易扩张的重要支撑点和增长点。

三、我国对外直接投资的可行性

自1980年以来，我国对外直接投资发展迅速，但不可否认，投资产业分布情况、规模总量和当前我国所处的国际地位不够相符，也不能匹配对外经贸发展现状。与发达国家相比更是存在较大差距，此外，和墨西哥、韩国等地相比也有一定不足。因此，必须充分分析和挖掘我国在对外直接投资方面存在的比较优势，充分发挥优势所在，推动经济的平衡发展。

（一）宏观层面的判断

第一，国际经济的飞速发展和一体化进程的不断加快，使世界层面的投资体系不断构建和完善，世界各国也逐渐形成多边协定和双边协定。我国加入了世贸组织和亚太经合组织，这为我国积极构建国际生产体系奠定了良好基础，也为对外投资营造了良好的经济发展环境。

第二，社会主义市场经济的飞速发展和改革开放的持续推进，为对外投资营造了较好的经济环境。国内市场出现了生产能力过剩、供需不匹配的局面，大部分企业在跨国经营、投资、生产中的能力和水平不断提升。

第三，我国经济实力不断增强，近年来，我国经济取得了较为深远的发展，市场体系不断健全，特别是技术、外汇、资本市场取得了一定的发展，为企业的对外交流和合作提供了良好条件。

第四，我国的宏观调控体系不断构建和优化，形成内外均衡的调解机制，由此不断提高政府的宏观调控水平。

但是，我国对外直接投资宏观环境还存在一些不足：一是对外直接投资管理体制不够健全、不够科学；二是外汇和国内资本市场虽然取得了一定的发展，但发展步调较为缓慢，国内营造的融资环境还有待改进和完善；三是对外直接投资方面的政策法规还不够体系化、规范化；因此，我国对外直接投资宏观环境方面整体呈现的比较优势还有所不足，但也逐步在改进和优化。

（二）微观层面的分析

当前，我国对外直接投资的微观主体优势也正处在培育和发展之中，具体表现在以下几个方面：

首先，我国已经形成了一批高水平、综合性的国际化集团，这些跨国集团公司具备较强的国际竞争力。

其次，我国企业对外直接投资的内在动力不断增强。由于投资约束和市场需求的提高，使得企业寻求发展机会、投身跨国生产的积极性和主动性不断提升，企业也迫切想要成为跨国公司。

再次，随着我国现代企业制度的建立健全，国内企业之间不断兼并，目前已经拥有了一批较高水平和技术能力的大型企业，为后续成长为大型跨国公司奠定了良好基础。

最后，我国出口商品竞争力不断提升，商品结构不断优化，出口增长速度惊人，对外贸易已经走上正轨，朝着好的方向发展。出口替代、出口绩效指数等指标不断提高，出口商品和产业与对外投资联系密切，因此，也说明对外直接投资的产品优势不断凸显。

上述我国产品比较优势、微观主体、宏观环境分析表明，我国必须分析和突出在世界经济市场中所具有的对外直接投资比较优势，并将其转化为竞争力，提高竞争水平。

第三节　我国对外直接投资的影响因素

哪些因素会影响东道国的对外直接投资，是实施对外直接投资时要研究的一个重要问题，国外实证研究非常活跃。很多国外学者们主要检验了东道国相关宏观经济因素，从事对外直接投资公司的内部因素，母国自身的经济发展水平，以及母国与东道国之间的经济联系等因素。

一、我国的政策因素

在新的国内和国际形势下，中国政府非常重视从政策上鼓励有能力的企业积极开展对外直接投资活动。在世纪之交，党中央总揽全局，根据国内外发展新形势提出了"走出去"战略。该战略的提出标志着以"引进来"为主的中国改革开放进入了崭新阶段。对外直接投资是中国企业充分利用国内外"两个市场、两种资源"，通过对外直接投资、对外工程承包、对外劳务合作等形式积极参与国际竞争，实现我国经济可持续发展的现代化强国战略。近几年来，由于政府的支持和企业的努力，我国对外直接投资持续增长。

二、东道国的劳动力成本

企业进行跨国投资必须考虑成本和效益。对外投资企业的投资动机可能存在较大差异，例如自然资源获取型、市场获取型和生产要素获取型等的投资机会有很大不同，但作为以追求利润最大化为目的的企业，必须面对的一个共同问题就是东道国成本问题，生产要素成本是企业最优先考虑的因素。

邓宁就认为，厂商为追求最大利润，会选择在成本最小的地区生产，因此生产要素成本便成为重要的区位因素。国内外学者对生产要素成本（通常以劳动力成本即工人平均工资来衡量）在直接投资区位选择中的作用，其结论并不一致，但大多数的研究结果仍然趋向于认为生产要素成本起着不可忽略的作用。[①]

[①] 刘辉煌. 中国对外直接投资及方式创新 [M]. 长沙：湖南师范大学出版社，2013.

三、东道国的政策因素

跨国公司的对外直接投资活动直接影响着东道国的生产、贸易、就业、国际收支和经济增长等，同时还会引起治外法权、民族国家的主权等一系列问题，因此，世界大多数国家都会制订有关跨国公司的政策。其主要政策措施表现在以下几个方面：

（一）给予一些优惠待遇

东道国对外资企业一般都征收公司税、营业税、产品税、利息税、所得税等。根据不同的时期经济发展的需要确定吸收外国投资的重点部门或区域。对投向重点部门或地区的外资企业，根据投资额的大小以及雇用人员的多少，给予免缴2—10年不等的所得税优惠。

（二）限制外资的股权比例

这是对外直接投资政策中的一个重点。有的国家规定外资股权必须低于50%。加强对外直接投资技术的审查，限制或禁止国外投资者不合理的技术投资、技术转让和技术垄断。

（三）限制兼并本国企业

这是一项被东道国普遍采用的政策，甚至标榜奉行自由政策的工业发达国家也不愿意外国投资者兼并本国现有企业。在金融方面，许多国家对于跨国公司在本国的子公司的利润汇回、利润再投资、抽回股本、资本外调等方面采取程度不同的限制措施。

四、东道国的经济规模

东道国的经济规模对中国企业对外直接投资区位选择的影响是最大也是最直接的。中国企业对外直接投资考察的首要标准就是各国家和地区的经济发展水平，包括经济发展规模、收入水平以及经济体制等。欧洲对外直接投资区位选择的经验表明，东道国的经济发展水平与外资对外直接投资选择是成正比的。

五、东道国的基础设施发展水平

因为一些固定的因素（地理位置、文化习俗等）和一些可变因素（政治、经济、技术等）的共同作用，导致各国的市场与基础设施规模差异很大。而在区位选择中起至关重要作用的是东道国因素，以往的许多有关国际直接投资区位理论的研究表明，东道国的一系列基本情况，如科技研究水平、经济发展水平、市场规模、基础设施建设、劳动力成本、产业结构和政策制度等，都不同程度地影响着跨国公司的区位决策。

美国经济学家、管理学家迈克尔·波特曾经明确地讨论基础设施条件在吸引外国直接投资方面的重要作用。基础设施作为"劳动过程的资料"，为劳动过程提供着必不可少的条件，因此当地基础设施状况成为外商直接投资区位选择的重要因素。其中基础设施产业在对外直接投资区位选择中的比重也越来越大。联合国贸发会议统计数据显示，1990—2010年期间，全球基础设施产业中的外国直接投资额增加了30倍。在此期间，大多数基础设施产业中的外国直接投资持续增长，其中电力和电信行业增长最快，运输和供水行业增长较慢。目前，在全球外国直接投资总存量中，基础设施产业所占比重接近10%，而1990年仅占2%。当地基础设施落后就意味着当地内部人流、信息、物资的承载容量小，整体功能差，吸引外资的能力差。如一些不发达的国家仍然因为基础设施发展滞后而被排除在国际对外直接投资区位选择之外。

对于中国企业来说，进行跨国经营的主要动机之一就是扩张海外市场。如果把工厂选择在市场规模较大、经济发展水平高的地区，将可以接近消费者和要素市场，及时了解市场需求的变化，并获取规模投资经济效益。如果进入地区的基础设施发展不完全，市场规模太小，发展潜力不大，就不值得去开拓。一般说来，一个地区的基础设施规模大小可以用其经济总量规模如GDP来进行衡量。GDP总量规模越大，不仅反映了地区消费市场容量较大，而且也反映了地区经济基础设施较为雄厚，工业和第三产业配套条件较好，由此可以获取规模经济效益。我国的对外直接投资在区域上比较集中，主要取决于东道国市场规模、基础设施发展规模的大小等因素。

六、双边贸易联系

在文献中,贸易与 FDI 的关系被描述为相互替代、相互补充,或者公司国际化的一个连续过程。FDI 与贸易之所以被认为是互相补充的战略,是因为跨国公司对东道国市场的服务要么通过出口,要么通过 FDI,要么通过二者结合来实现。在一个连续过程,跨国公司利用通过先前贸易联系积累的东道国市场的知识,在东道国市场进行投资。美国经济学家格罗斯曼(Grossman)和以色列经济学家赫尔普曼(Helpman)表明生产的国际化与出口数量的扩张同时发生。使用 OLS 模型,有研究人员发现随着北美自由贸易协定的实施,FDI 导致美国和墨西哥之间的贸易的急剧增加,并且贸易的剧增也导致了从美国流入墨西哥的额外的 FDI。贸易与 FDI 的这种关系常常由于跨国公司从事投入品和增值加工的公司间贸易而大大深化。

七、投资国对东道国的贸易量

投资国与东道国之间的贸易量的大小对投资国的对外直接投资区位选择有着十分重要的影响。投资国与东道国的贸易量大小从一定程度上反映了投资国在对外直接投资区位选择时的倾向性,其一般是偏向于跟本国地理位置相近、历史文化相符的国家和地区,如有学者指出,中小企业对华直接投资时依赖文化、语言、宗教等因素,通过对环境的熟悉可以降低信息成本。[①]

自中国加入世界贸易组织以来,中国对外直接投资额快速增长,其投资的业务范围也在逐渐扩大。东南亚地区是对外直接投资最具潜力的市场。该地区在不同程度上给予投资者优惠政策,提供较为轻松的投资环境,并且又与中国地理位置相近。南亚地区作为我国周边地区的重要贸易伙伴,也是中国对外直接投资贸易的主要流向地。随着印、巴关系的改善,中国与南亚的双边贸易活动也日渐活跃。

八、对外贸易的依存度

外贸依存度是评价一国开放程度的指标,即各样本国(地区)对外贸易(进

---

① 刘辉煌. 中国对外直接投资及方式创新 [M]. 长沙:湖南师范大学出版社,2013.

出口）总额与国民（国内）生产总值之比。一国对国际贸易的依赖程度，一般可用对外贸易依存度来表示，它体现了本国经济增长对进出口贸易的依附程度，也是衡量一国贸易一体化的主要指标。该比重的变化意味着对外贸易在国民经济中所处地位的变化。投资国的开放程度与对外直接投资区位选择之间的相互关系是十分密切的，东道国的开放程度越高，其经济发展水平和市场发展越成熟，越能为投资国的对外直接投资活动提供良好的投资环境。

九、母国的经济发展水平

英国经济学家邓宁（Dunning）利用其折衷理论，分析一国的对外直接投资量的大小与该国的经济发展水平密切相关。他用人均国民收入来衡量一个国家经济发展水平。一个国家的净对外投资额与该国经济发展水平在一定阶段内成正比，经济发展水平逐渐提高，其净对外投资额也逐渐增大。他研究了包括发达国家和发展中国家在内的67个国家对外直接投资的输出、输入流量的资料，把一国的投资与发展情况划分为以下五个阶段。

第一阶段的国家尚处于工业起飞前的阶段，并无对外直接投资，没有或仅有少量的外国直接投资流入，所以净投资额是零或负数。

第二阶段的国家直接流入开始增加而对外的直接投资仍然微不足道，所以净对外投资额变为更大的负数。

第三阶段的国家的净对外投资额虽然仍是负值，但数值开始减小。

第四阶段的国家的净对外投资额出现正数且逐渐上升，这或者是由于对外投资超过流入的投资，或者是由于对外投资的增长速度超过流入投资的增长速度。

第五阶段主要是描述经济发展处于较高阶段的国家不断增长的交叉投资问题。

有学者在对转型国家的跨国公司的研究中，以母国GDP、人口、产业结构、技术发展水平、GDP增长率、汇率变动作为解释变量，研究转型国家对外直接投资存量，其结论表明，母国经济发展水平、国内市场规模是FDI流出的主要决定因素，母国的产业结构也有影响，但技术不是一个强烈的决定因素，汇率的短期波动也无影响。

十、公司技术

技术是对外直接投资的微观影响因素，企业是否对外直接投资部分取决于其是否拥有包括技术在内的垄断优势。

奥地利经济学家海默（Hymer）的垄断优势理论认为，跨国公司寻求海外直接投资的主要目的之一是利用其相对于竞争对手来说所拥有的垄断优势，这种垄断优势可能来源于规模经济、市场份额、营销能力、技术优势、能获得资本等。海默的研究使得对解释公司国际化进程的重点从国际贸易理论的分析转移到公司的产业组织特征分析。在实证研究中，技术作为对外直接投资的决定与影响因素愈来愈得到了重视，但由于公司水平数据的获得限制，这一方面的实证研究并不多。①

相关研究学者等利用美国50个跨国公司15年的FDI的横截面单元时间系列数据的研究结果表明，在控制公司规模、财务杠杆、先前的全球扩张、母国的币值变化等变量的条件下，一个公司技术密集度越高，管理层越有国际经验，赢利能力越强，则越有FDI倾向。

除了上面所列的对外直接投资的主要影响因素外，还有其他一些因素也会影响一国的对外直接投资，比如东道国中央银行透明度对母国对外直接投资的影响：中央银行透明度对于对外直接投资的影响主要是通过中央银行透明度对产出和通货膨胀等经济变量的影响形成的。

第四节 我国对外直接投资的效应分析

一、就业效应分析

对外直接投资对母国就业的影响是国际直接投资的母国经济效应研究中的一个热点问题。西方的就业理论认为产出和就业是由总需求决定的，而总需求又是由消费需求、投资需求、政府需求和外国需求来决定的。因此，凡是能促进国内消费、国内投资、政府消费和出口的经济措施都有利于产出和就业的增长。在其

---

① 杨建清. 中国对外直接投资：理论、实证与战略[M]. 北京：知识产权出版社，2007.

他条件不变的情况下，如果对外直接投资能对其中一项产生作用，它对母国就业也将产生作用。

从分析对外直接投资对我国国内投资以及国际收支的影响，可以间接地得出它与我国国内就业的关系，在本节的内容中，将进一步考察对外直接投资对国内就业的直接与间接效应。

（一）对外直接投资的就业效应相关研究

1. 相关理论

对外直接投资对母国就业的影响是围绕着对外直接投资对就业的替代效应和促进效应以及对就业规模、结构和区位分布的影响来进行的。

（1）就业替代理论

有学者认为，在母国资本资源有限的情况下，对外投资将替代国内投资或国内消费，如果资金流出并没有出口增加或进口减少来匹配，就会产生对就业的负效应。[1]

（2）就业补充理论

就业补充理论认为，在对外投资属于防御性投资的情况下，如企业投资于国外是为了开发国内得不到的资源或是由于一些关税限制妨碍了其出口而导致对外横向投资时，对外投资将补充或促进国内投资或消费。这类投资往往能增加国外子公司对母国资本设备、中间产品或辅助产品的需求，而对国内就业产生正效应。[2]

（3）就业组合效果论

相关研究人员比较了美国与瑞典的海外直接投资的差别，认为对外直接投资的发展既有正的效果，又有负的效果。效果的大小取决于力量的对比与国际直接投资的产业分布等。[3] 有学者利用回归分析与出口替代的方法分析了美国的对外

---

[1] Jasay A. E. The social choice between home and oversea investment. Economic Journal, 70, p105–113, 1960.

[2] Hakins R. G. Job displacement and multinational firm: a methodological review. Occasional Paper, No. 3. Washington: Center of Multinational Studies, June, 1972.

[3] Blomstrom M. Kokko A. Home effects of foreign direct investment evidence: from Sweden. Working Paper, NBER, 1994.

直接投资的负效应被流向国内的直接投资的正效应所抵消。[①]

（4）就业结构优化论

就业结构优化论认为，由于管理职能集中于母公司、创造了许多母国非生产性就业机会。另外，国外子公司经营业务也会导致母国法律、公共关系服务和工程咨询等方面需求的增加。以上两个领域涉及高度熟练的人员，因而对外投资有助于国内就业结构的优化。[②]

（5）公司战略论

有研究人员认为公司战略可能以不同方式影响母国就业数量、质量及就业区位：采取独立子公司战略、简单一体化战略、深层次一体化战略的跨国公司对母国就业的影响是不同的。该理论认为，随着跨国公司一体化的增大，国际生产的劳动力市场状况变得更为复杂，跨国公司对就业数量、质量和就业区位在母国和东道国之间的配置就越具有主动性和灵活性，从而对外投资的母国就业效应就越具有不确定性和不稳定性。

2. 研究方法

到目前为止，有关对外直接投资与母国就业效应还没有一般性结论，也没有正式的理论框架去分析这种效应。目前已采用的研究方法有如下几种：

一是统计回归分析法。它利用对外直接投资与母国出口或投资的数据进行统计回归分析，间接地得出对外直接投资与母国就业的相关性的结论。

二是商业案例分析法。通过对个别企业或人员的走访调查，由经验归纳总结出对外直接投资对母国就业的影响。

三是概念分析法。从对外投资的不同类型、不同流向等各个角度分析对外直接投资对母国就业的不同层面的影响。

四是长期分析法。采用跨度较长的区间，从对外直接投资对母国就业的动态影响的角度来分析。

[①] Lipesy R. Foreign production and parent employment. Paper presented at the Lesstrategies des enterprises Multinationales, Universite de Paris, 1999.

[②] Fors G. Kokko A. Home country effects of FDE: foreign production and structural change in home country operations. Paper presented at the Les strategies des enterprises Multinationales, Universite de Paris, 1999.

五是反证分析法。即假设对外直接投资没有发生时,国内就业将如何变化,通过与已发生的对外直接投资进行比较分析而得出结论。

(二)对外直接投资的就业效应宏观分析

我们可以用"替代效应"和"刺激效应"之净额来衡量跨国公司海外直接投资对母国就业的影响。

替代效应是指因从事海外生产而使本土进行的生产活动减少而导致的就业机会的丧失。它包括海外子公司在国外市场销售本可以在国内生产而后出口的商品所导致的就业机会损失,也包括海外子公司将商品返销到母国所引起的母国工作机会的牺牲,现在还有人考虑海外子公司对第三国的出口会替代母国对第三国的出口,从而使母国的就业进一步受到影响。

刺激效应是指海外直接投资所导致的国内就业机会的增加。它包括:向海外子公司出口资本货物、中间品及辅助产品的额外的就业机会,母公司向海外子公司提供服务所产生的工作机会,跨国公司本土机构的人员需求所带来的就业机会,以及国内其他公司向跨国公司及其子公司提供服务所提供的新的就业机会。

显然,当替代效应大于刺激效应时,海外直接投资将导致投资国就业机会的减少;反之,则会导致就业机会的增加。

有学者认为[①],跨国公司海外直接投资对投资国在就业数量、质量及区位方面均具有直接的积极和消极效应,以及间接的积极和消极效应。

作者认为,跨国公司海外直接投资对母国的就业效应关键不在于就业数量的增减,而在于就业结构的改进以及相应的就业质量的提高。

(三)我国对外直接投资对就业所产生的影响

随着中国加入WTO,中国将面临更大的海外市场和机会,中国企业在"走出去"方面将会迈出更大的步伐。在目前国内存在闲置资金以及过剩劳动力的情况下,由于国内存在大量的居民储蓄,一方面国内某些产业的投资收益率已经很低;另一方面国内的资本市场还很不发达,因此他们在转向国内投资时存在一定的障碍。如果这些在国内的储蓄能有效地转化为对外直接投资到海外寻求更高的

---

① Campbell D. Foreign investment, labour immobility and the quality of employment. International Labour Review, 133 (2), p185-204, 1994.

投资收益率，那么发展对外直接投资就不存在挤占或替代国内投资和消费的现象，短期内的刺激效应要大于替代效应。而且，中国发展对外直接投资处于起步阶段，国际一体化程度不高，很多投资属于防御性投资。这些投资往往能增加国外附属企业对国内资本设备、中间产品或辅助产品的需求，从而可以刺激国内的就业。而且，这种国际生产转移活动所造成的劳动力成本的调整，有助于国内劳动力市场的均衡。

一方面，那些可以对外直接投资的产业或部门的工资率有下降的趋势，这部分产业工人的流动可以降低劳动力成本，从而为国内原来那些因劳动力成本高昂而面临萎缩的行业注入新的活力，从而促进了这些行业的发展；另一方面，对外直接投资的资本劳动替代弹性差异将对国内工资率的调整有影响。

随着我国对外直接投资产业的资本劳动替代弹性加大，海外生产将更多地采用资本密集型技术，而如果国内生产仍然将采用劳动密集型技术，则既可以吸引和消化更多的剩余劳动力，使得国内就业上的调整成本可以通过转移和新增一部分劳动力就业的方式得到弥补，又可以使国内的劳动力市场在一个更高的水平上达到均衡。因此，可以大体上判断中国的对外直接投资对国内就业是有正效应的。

事实上，沿海一部分与国际市场较接近的企业已率先"走出去"，其生产已遍布全球大部分区域。这些企业的管理职能都集中在中国总部，为国内创造了许多非生产性的就业机会，如吸纳了大量的高科技人才从事科研开发活动，聘用了大量熟悉国际贸易业务的市场策划和营销人员，大量的具有国际管理水平的管理人员等。

另外，这些企业在"走出去"的过程中，其子公司的国际经营业务会导致对中国法律、管理与工程咨询、国际金融等方面的需求，大大刺激了服务于这些领域的中介机构人员就业。沿海很大一批类似的中介机构在近年来的兴旺发达与这些"走出去"的企业的需求是密不可分的。因此，中国企业对外直接投资可以创造或维持一部分母国就业，提高国内就业人员的熟练程度和技能水平，从而有助于国内就业结构的优化。

在就业区位上，中国就业人员在海外的配置并不均等，国内就业人员的供给是过剩的，而国外就业人员的供给相对不足。因此，适当地发展服务业以及部分具有比较优势的劳动密集型产业的对外直接投资，一方面可以新增国内部分产业人员的需求,另一方面可以通过调整就业结构而转移一部分产业人员的需求,从而有助于缓解部分劳动就业的不均衡现象,改善国内的劳动力市场状况(表2-4-1)。[①]

表 2-4-1　海外直接投资对投资国就业的潜在效应

影响领域影响表现		就业数量	就业质量	就业区位
直接效应	积极	创造或维持母国就业,如那些服务于国外附属企业的领域	产业重构时技能提高,生产价值也提高	有些工作可能移至国外,但也可能被更高技能的工作所弥补,从而改善劳动市场状况
	消极	如果国外附属企业替代母国生产,则会产生重新定位或"工作出口"	为了维持母国就业保持或降低工资	"工作出口"可能恶化地区劳动力市场状况
间接效应	积极	为承揽国外附属企业任务的母国供应商或国内服务性产业创造和维持就业	刺激多种产业发展	"蓝领"工作的减少能被当地劳动力市场对出口或国际生产领域高附加值工作的更大需求所弥补
	消极	与被重新定位的生产或活动有关的企业和产业就业损失	供应商受到工资和就业标准方面的压力	暂时解雇工人引起当地劳动市场需求连锁性下降,从而导致母国工厂的裁员

因此,总的来说,根据目前中国发展对外投资的特点和国内的宏观经济现状,中国发展对外直接投资对我国的就业是利大于弊的。政府在推动对外投资的时候,应把吸纳劳动力就业和提高劳动力素质作为优先考虑的重点。

首先,国家要鼓励进行防御性投资的企业大胆地走向海外市场,充分地利用海外的生产性资源优势或抢占海外一部分市场。对其有利于国内就业的行为给予鼓励,对于出口到国外子公司的产品予以税收上的优惠。

其次,对于服务业以及一部分具有比较优势的劳动密集型产业的对外直接投

---

① 杨建清. 中国对外直接投资:理论、实证与战略 [M]. 北京:知识产权出版社,2007.

资，要积极地引导他们利用国内的劳动力资源。国家要通过各种形式的培训和教育方式帮助那些因国内产业调整而不得不进行就业调整的人员顺利地转移到新的行业。

再次，大力发展与对外直接投资有关的服务性行业，特别是一些有助于海外投资发展的中介部门。为了满足海外投资企业对国内的法律、管理与工程咨询、国际金融等方面的需求，政府应该放宽这些行业在经营主体、经营方式、经营范围等方面的管制，从而大力提高这些行业从业人员的比例。

最后，鼓励内陆地区一些有优势的企业走向海外。他们走向海外将有利于带动内陆地区的投资和消费，可以刺激相关企业的出口，也有利于其就业素质的提高。国家应为这些企业提供大量的海外信息及咨询等中介服务，以解决这些企业暂时的信息不对称问题，帮他们走向海外搭桥牵线。

这样，我们就可以更好地调动对外直接投资对国内就业的积极影响，为解决国内的就业问题服务。

二、知识溢出效应分析

（一）知识溢出的相关知识

1. 知识溢出的内涵

"溢出"（Spillover）的概念来源于物理学，是指物质从容器中无意泄露。经济学将"溢出"含义中的"物质"进行了拓展，"知识""技术"等都是可以作为物质被溢出的。"溢出"这个概念一般被定义为人或组织在进行某项行为过程中对组织之外的人或社会产生的影响。

这个概念最先被学者马歇尔（Marshall）提出，他在著作《经济学原理》中对"经济外部性"这个概念进行了分析，提出经济的外部性分为外部经济和外部不经济两种，其实这本质上就是积极的溢出作用和消极的溢出作用的另外一种说法。

2. 知识溢出的概念区分

在知识溢出概念的界定中，知识溢出（knowledge spillovers）与知识扩散（knowledge diffusion）、知识转移（knowledge transfer）和技术溢出（technology spillovers)在语义上十分接近,在使用过程中也很容易产生混淆,在一些文献中常被交叉使用。知识溢出与相关概念的界定如图2-4-1所示,这里对这些相关概念进行以下区分和辨别:

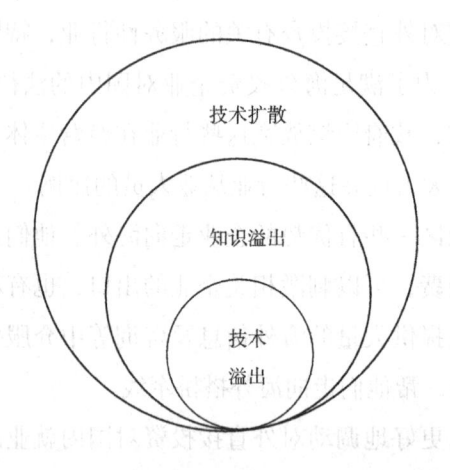

图 2-4-1　知识溢出与相关概念的界定图

（1）知识溢出和知识扩散

李环对知识扩散作出了比较全面的定义,即通过合法手段将知识在空间内传播扩散到其他地方。[①] 从定义中可以看出,通过在时空中传播使知识在更大的经济范围内发生作用,这样的知识传播方式才能被称为知识扩散。有研究学者指出知识溢出是知识获取者以很小的代价甚至不付出代价从知识创造者那里取得知识,是不自觉的知识传播行为。从定义中可以看出,知识溢出的范围要比知识扩散小,一般来说,知识溢出是知识扩散的一部分,与知识转移一起构成知识扩散。知识溢出的出发点也要更小,主要注重经济学。

（2）知识溢出与知识转移

如上文所说,知识转移是知识扩散的另一种方式。知识转移是知识创造者有意识地、主动地将新创知识分享给其他人,在这个过程中知识转移的价格是由知识创造者确定的,而知识溢出则是知识创造者不自觉地将知识传播出去。

二者的区别主要有两个方面,一是知识传播的意识性,二是知识创造者在知识传播出去之后所获得的盈余,当企业给知识创造者支付"学费"进行有偿的学

---

① 汪思齐.知识溢出视角下中国对外直接投资的生产率效应研究[M].武汉：武汉大学出版社,2018.

习，这种有意识进行的交流即为知识转移；而当企业无偿地使用了新知识并从中获得盈余，但是创造者却没有获得相应的补偿，这种知识传播的方式就是知识溢出而不是知识转移。

（3）知识溢出与技术溢出

通过查阅现有文献资料，我们发现这两个概念的区分度很低，学者们对知识溢出的测度基本就是对技术溢出的测度，而知识溢出这个概念出现得更早，因此也更为深入人心。

从本质上来说，技术和科学都是知识的一部分。科学比技术的范畴更大一些，技术主要指的是改造社会的工具、方式等，而科学则是指人类在研究社会、自然的过程中积累下来的精华。技术具有实用性，并且随着时代的变迁会发生进步，这种时间性也是技术发展的一大规律。技术溢出则是指产品的设计、功能等特殊工艺不自觉或者是知识产权所有者不自愿的情况下的传播，可以促进企业产品实际生产力水平和创造能力的提高，涉及的知识主要来源于技术设备相关方面。"知识溢出"所涉及的知识范畴更大，学术交流、干中学、研发和跨国的商业活动等都可能会产生知识溢出；其涉及的知识内容除了技术知识，还包括管理经验、经营方法、思维方式、创业意识等方面知识。

3. 知识溢出的类别划分

为了更准确地界定和分析知识溢出，学者们依据不同的分类标准、在不同层面对知识溢出的类型进行了归纳。

（1）从知识属性划分

知识溢出从知识属性上可以分为显性和隐性两类。

显性知识（explicit knowledge）具有明确的"外形"，例如书本上的文字，成型的计算机代码；隐性知识（tacit knowledge）则存在于个人的头脑或者一定的环境中，只能通过自己摸索从而实现领悟。隐性知识是一项技术或者是创新的关键部分，也是一个企业知识产权或者是人力资本最核心的部分，主要嵌在人们的思维模式之中，它决定了企业进行内外部交流时的效率和效果。隐性知识因其特有的内隐性和复杂性，不易在短期内被他人模仿，相对而言其技术门槛较高。据此，显性知识溢出占了绝大部分，在知识所有者不自愿的情况下，成型的文字、代码更能方便知识的传播溢出，知识创造者必然会对那些能够最大程度保持企业技术优势的隐性知识的传播设置障碍。但是，通过长期的摸索与实践，隐性知识也可以被掌握到规律，从而被编写转化成显性知识进行传播，它依赖于知识接受者对隐性知识的"显性化能力"及"吸收能力"。

（2）从产业角度上划分

知识溢出从产业角度上可以分为产业间和产业内两种溢出方式。关于知识和技术的外部性的来源及原因，理论界尚未达成一致意见，特别是对于外部性所带来的效果存在着两种争论：即 MAR——Marshall（马歇尔）、Arrow（阿罗）、Romer（罗默）的外部性和 Jacobs（雅格布斯）的外部性，讨论知识溢出带来的外部性是推进多样化的竞争还是导致生产的专业化提升从而加剧行业垄断。站在产业视角看待这两种外部性，知识溢出到同一产业的其他企业或者是溢出到其他行业，这两种分别被称为产业内和产业间的知识溢出。其中，产业内的知识溢出所涉及的两方都是在一个产业内，因此在产业内的各企业关注点、现有技术也都非常相近，所以在理解并掌握新技术上非常具有便利性。通常，一个产业中某一个企业创新了技术，只要时间允许，这项技术会在将来扩展到整个行业，产业内的企业数量也会有所增加。不同产业之间的知识溢出通常发生在互补产业之中，因为上游或者下游产业的技术发生创新或者有所改变，下游或上游的企业也会受到这种技术的影响，这种溢出在产业多样化的地区更容易发生。由于知识创造者和知识接受者不属于同一个行业，所以竞争并不激烈，溢出效应不会遭受过多阻碍，这将促使同一区域内不同产业因互惠而集聚，实现外部经济。

（3）普遍划分

目前理论界最普遍的知识溢出分类方式是将知识溢出分为物化和非物化两种溢出方式。其中物化溢出指的是通过产品的买卖，产品本身所蕴含的知识不自觉地随商品传播而溢出，亦称租金知识溢出；非物化溢出指的是通过学术交流、论文发表、企业专利信息等渠道溢出，也称纯知识溢出。这两种方式的区别在于物化溢出体现在商品商业化过程中，知识接收者需要为高知识含量的商品付费，因此在如今这种出品化程度极高的社会中，比起非物化溢出企业更倾向于物化溢出。但无论是企业愿意接受的物化溢出还是不愿意接受的非物化溢出，知识溢出的这两种方式都能促进一个国家或者地区生产力的进步。

4. 知识溢出的渠道

刚开始,学者们对知识溢出的研究主要是关注其存在性以及对溢出程度进行度量,不同的学者从不同的角度对此进行展开。随后,学者们开始重点研究知识通过何种渠道实现溢出。鉴于知识能通过不同途径及方式、在不同主体及区域之间发生溢出,目前学术界一般将知识溢出渠道归结为以下几种,但这些溢出渠道之间是相互依存的,仅是在一定程度上进行了区分。

(1)基于知识人才流动的渠道

人既是知识的重要载体,也是实现主体。依据知识属性的分类方式,隐性的知识溢出不能通过书本等载体进行传播,只能由掌握这种知识的人才在不同企业之间的流动进行传播。知识人才进入新的空间后,与周围的人进行交流,将自己所掌握的知识与原有的知识进行融合,又将这种隐性知识传播到新的群体中。隐性知识在产品结构相似的产业园区或者是人口密集的地区更容易传播,人才的流动给知识带来活力,加速了技术的进步。知识人才流动方式主要有三种:科研机构中科学家的流动、企业技术人员的跳槽及企业家自主创业。在这种溢出机制作用下,在知识溢出过程中知识接受者的知识吸收再创新能力非常关键。除此之外,知识溢出产生的效益还受到知识类型以及溢出机制的影响。

另外,创业是一种特殊的知识人才流动方式。除了企业知识人才在不同区域流动之外,知识型人才也有可能选择成立自己的企业,这样也是造成知识溢出的一种途径,创业者从原企业的零成本的知识溢出中获得利润。高新技术企业通常有很多隐性知识,包括管理方式、产品专利等,在企业集聚地区很容易出现交流互动,从而在企业之间的合作过程中不自觉产生隐性知识的溢出。

(2)基于技术研发合作的渠道

企业进行研发的主要目的是增加企业的技术优势,研发溢出的表现主要是模仿者通过模仿以很小的成本甚至零成本,取得本属于研发者的收益。创新的知识和技术的主要发源地是企业的研发部门和大学的研发机构。有学者指出,研究型大学是企业、政府和个人之间联系和相互作用的桥梁,创造出来的知识量最大。

目前,很多高校和企业都非常重视产学研的发展,企业与高校建立联系,高校利用企业的研发资金,企业利用高校的人力资源和研发设备,通过项目合作、学术研讨会等方式促进学校和企业之间的交流,侧面推动了知识的溢出,此外,还会通过非正式的交流实现技术知识的溢出。大学是传授知识的地方，也是创造知识的地方，更是知识溢出的重要源头。现在一些大学承接政府和企业的项目，安排学生去合作单位实习，这些活动都为知识溢出提供了平台。

（3）基于国际贸易的渠道

国际贸易是物化知识溢出的一个重要渠道。尤其是引进技术设备时，国际贸易中交流的商品被嵌入了非常丰富、先进的技术和设计理念，进口国能以此为模板进行学习创新，通过模仿与创新提高自己的生产能力。此外，某一个国家在技术方面的突破，由于知识溢出的存在，很有可能带动整个地区经济的发展。

（4）基于国际直接投资的渠道

国际直接投资能将知识从一个国家转移到另外的国家，使它成为国际知识扩散的重要渠道。国际直接投资产生的知识溢出效应是双向的：既有伴随外商直接投资（FDI）而来的知识溢出，使东道国从中受益；也有对外直接投资（OFDI）对母国的逆向知识溢出。

就亚洲国家而言，FDI能够推动技术溢出，冼国明、薄文广研究了FDI与中国专利数量之间的关系，发现二者之间存在正向关系，并且东部地区的正向关系要比中西部地区的正向关系强，中西部地区对FDI设置的门槛阻碍了其溢出效应最大程度的发挥。[①]

一些研究学者指出，从总体上来说，FDI带来的技术溢出对内资企业的发展也起到了正面的促进作用。

还有学者认为FDI不仅会带来地区内技术溢出效应，还会带来地区间技术溢出效应。同样，对外直接投资也存在着知识溢出效应。

总的来说，学术界普遍认为通过投资产生的知识溢出主要通过示范模仿效应、竞争效应、前后向关联效应、人力资本流动效应产生。对外直接投资对东道国和投资国都能产生双向的互动作用。

一方面，东道国可以顺便学习投资国的管理方式、研发技术等，将这些引入自己的生产研发中，提高自身的研发水平，增加产品在国际市场的竞争力。另一方面，投资国也可以与东道国建立合作关系，参与东道国的研发和生产，尤其是

---

① 汪思齐. 知识溢出视角下中国对外直接投资的生产率效应研究[M]. 武汉：武汉大学出版社，2018.

在东道国的高端技术聚集地学习先进的研发技术,并将这些技术输送到母国,促进母国生产力水平的提高。

5. 知识溢出的测度

鉴于知识溢出的存在性已被验证且知识溢出对区域经济增长和科技创新存在巨大影响,知识溢出的测度成为该领域研究中的难点和热点。随着国内外学者不断探索建立各种模型和工具变量,并采用效度更高的创新调研数据来测度知识溢出的范围与程度,使得知识溢出测度层面的研究更加系统全面。

在早期,知识溢出被认为是不能量化的。空间外部性的研究随着新经济地理学的发展而发展,学者们对区域间知识溢出研究领域的关注度也越来越高。随着研究的推进,原有的创新生产函数逐渐被细化升级,区域位置成为生产函数中一个新的影响因子。

在开放经济条件下,关于国际知识溢出效应的研究明显偏重于"贸易—技术溢出"和"投资—技术溢出"中的FDI渠道,而针对OFDI渠道下母国技术溢出效应的研究还值得进一步深化。

(二)对外直接投资的知识溢出动力机制

知识溢出动力机制即在知识传播和吸收的过程中,各个影响因素是如何通过联动实现促进知识或技术溢出的。示范模仿效应、竞争效应、前后向关联效应、人力资本流动效应这四种效应作为国际直接投资渠道下知识溢出的动力机制已被学术界所普遍接受,但其主要分析对象在于FDI渠道,专门针对OFDI渠道的分析在国际学术界涉及非常少。不管对外直接投资对技术发展起到促进作用还是无作用,都没有影响中国对外直接投资规模的扩大,国内学者的研究焦点也从验证其存在性中移开,开始对OFDI渠道下的知识溢出动力机制进行研究。

一些学者认为,我国企业的技术寻求性OFDI并不是在全国范围内都有效,这种溢出效应具有明显的区域性,而我国企业主要是开展模仿、利用人力资本或者是国外企业的平台等途径取得积极的逆向技术溢出效果。

郭飞和黄雅金针对对外直接投资的逆向技术溢出效应建立了三角循环传导模型,从技术的互动、传递与吸收三个方面展开。他们指出企业在进行FDI的过程中也不能忘记实施自主创新,企业可通过三角循环传导机制实现技术互动与技术吸收的有效对接与相互促进。[①]

陈昊和吴雯按东道国研发资本密集程度，构建了中国对外直接投资国别差异与母国技术进步的机制模型：当 OFDI 流向研发资本密集的发达国家时，主要通过研发要素吸收及研发成果返回机制获得逆向技术溢出；当 OFDI 流向研发资本稀疏的转型及发展中国家时主要是正向技术输出，仅能通过扩大市场规模和追求廉价资源获得部分技术回收。[②]

（三）知识溢出效应的影响因素

通过上述文献可以看出，知识溢出效应的产生具有不确定性，知识溢出的动力机制之间也不能完全区分开，这都是由于知识溢出效应会受到诸多因素的影响。通过借鉴知识转移影响因素理论框架，把影响对外直接投资知识溢出的主体因素概括为知识源、知识受体、溢出的知识和溢出情景四个方面，如图 2-4-2 所示。

东道国（知识源）　　　　溢出情境　　　　　母国（知识受体）

知识存量（+）　　　　集群集聚程度（+）　　吸收能力（+）
知识转移意愿（+）　　经济距离（-）　　　　知识获取动机（+）
知识表达能力（+）　　投资进程（+）　　　　竞争压力（+）
知识传递能力（+）

溢出的知识

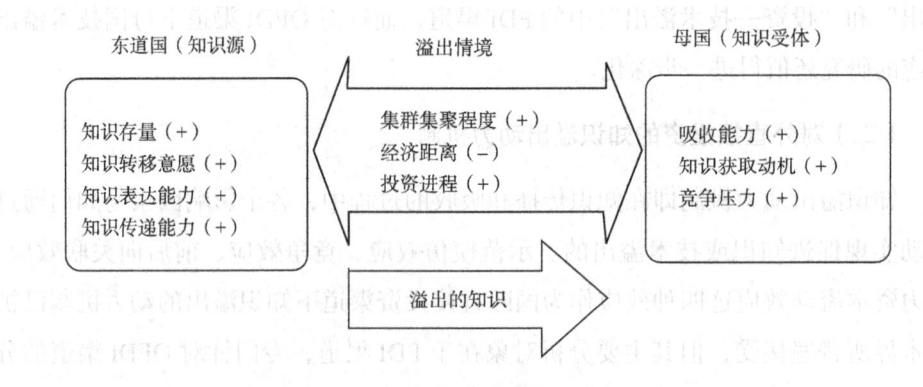

图 2-4-2　知识溢出的影响因素模型

知识源与知识受体间知识位势的差距是知识转移和溢出发生的必要条件：知识总是从知识位势高处向知识位势低处转移和溢出。知识源通常掌握着较前沿、深入的知识，知识位势高；而知识受体通常掌握的是较粗浅或相对落后的知识，知识位势低。因而，在对外直接投资的知识溢出效应中处于知识位势高的势必是投资东道国，而知识位势低的是投资母国。知识源因素即东道国特征因素，主要

---

① 郭飞，黄雅金. 全球价值链视角下 OFDI 逆向技术溢出效应的传导机制研究——以华为技术有限公司为例 [J]. 管理学刊，2012，25（03）：61-65.
② 陈昊，吴雯. 中国 OFDI 国别差异与母国技术进步 [J]. 科学学研究，2016，34（01）：49-56.

包括知识源的知识存量、知识转移意愿、知识表达能力和知识传递能力；知识受体因素即母国特征因素，主要包括知识受体的吸收能力、知识的获取动机、知识受体的竞争压力；综合因素即溢出情境因素和溢出知识因素，主要包括集群集聚程度、经济文化距离、投资进程和知识显隐性的转化。

（四）对外直接投资、知识溢出与生产率的关系

20世纪80年代后，学者们开始重视知识在经济发展中起到的拉动作用，罗默（Romer）首先将知识作为经济增长的一个内生动力，完善了内生经济增长模型。知识溢出产生的正外部效应是经济持续、长期增长的源泉，主要依靠两种途径：技术进步或空间集聚。然而随着理论和实践研究的深入，知识存量和创造能力已经成为经济增长函数中稳定的变量，知识的增加与生产率的提高之间是正向关系，目前的研究主要是知识溢出给生产率变动带来的影响。在开放经济条件下，国际贸易、国际直接投资、国际人才信息交流与技术合作都给知识溢出提供了渠道，使得一国能够获取更多的知识存量，资源能够被更有效利用，从而生产率水平能够得到更大的提升。对外直接投资的母国生产率效应是指"技术知识"和其他"非技术知识"通过OFDI渠道促进母国投资企业的生产率提升。国外学者们是通过勾勒出一条针对母国的逆向技术溢出路径即"技术寻求型OFDI—寻源企业技术提升—母国技术进步"来研究母国逆向技术溢出效应。针对发展中国家（尤其是中国）的对外直接投资与母国生产率增长的研究，目前国内学者们的研究绝大部分都是选用全要素生产率（TFP）来衡量母国的技术进步。因此对OFDI逆向技术溢出效应存在性的确定，很大程度上也就是对OFDI与母国生产率增长之间的关系的证明。

三、贸易效应分析

（一）相关理论

基于传统的贸易理论，学者们较早提出了对外直接投资的贸易替代理论，并且，早期的实证研究结果也多数支持贸易替代理论。究其原因，早期的贸易结构以最终产品为主，一国出口的产品中基本上都是来自本国的增加值。此外，早期的国际分工发展水平较低，对外直接投资还是以水平投资为主，因此母国对东道

国的投资会转移一部分母国国内的生产能力，对贸易具有替代作用。

狭义上讲，贸易替代效应指对外直接投资和对外贸易是一种二元选择问题，即选择了投资就会完全替代贸易。广义上讲，贸易替代效应可能是完全替代也可能是部分替代，部分替代是指对外直接投资只是替代了一部分对外贸易，对外直接投资和对外贸易仍然会同时存在。

1. 蒙代尔（Mundell）的贸易替代理论

蒙代尔指出商品的流动至少在一定程度上替代了要素的流动，在现实的世界存在两种极端的情况，一种是要素的完全流动但不存在贸易；另一种是要素不可流动和自由贸易。一般情况下，国际经济处于二者之间。生产要素中劳动缺乏流动性，而资本相对可以自由流动，因此该理论可以解释对外直接投资与对外贸易的替代效应。

蒙代尔的研究实际上是基于赫克歇尔—俄林的要素禀赋理论分析框架，模型采用两个国家，两种要素和两种产品（2×2×2）的分析框架，而且规定了严格的假设条件。为了保证商品价格均等化、要素价格均等化成立，蒙代尔假设：

（1）两国具有相同的生产函数，并且生产函数是一次齐次函数（当投入生产要素同时增加 n 倍，产出也增长 n 倍），即边际生产率相对和绝对地取决于生产要素投入比例。

（2）一种商品需要的要素投入比例高于另一种商品需要的要素投入比例，并且这种关系不取决于要素价格和生产函数。

（3）每个国家两种商品都生产，要素禀赋不会导致专业化生产一种产品。

在现实世界中，这些假设条件过于严格，可能并不总是满足，但是这些假设不影响国际贸易中一些重要的因素，假设条件的放松不会从本质上改变相关结论。我们对 2×2×2 模型做一些具体规定。

（1）两个国家，分别是母国和东道国，即母国是资本丰裕的国家，东道国是劳动力丰裕的国家，这样规定主要是为了与本书的研究相一致。

（2）两种生产要素，分别是资本（Capital）和劳动（Labor），这里的资本是同质的实物资本，资本国际流动中不存在收支差额。

（3）两种商品，分别是劳动密集型产品 X 和资本密集型产品 Y，两国以各自的比较优势生产相应的产品。

根据赫克歇尔—俄林理论（H-O 理论），两国之间同一种商品价格的差异引起商品在两国之间的流动，即国际商品价格差异导致国际商品流动，而商品价格差异是由要素价格差异导致的。在上述对 $2\times2\times2$ 模型的规定中，一国中相对丰富的要素价格较低，密集使用这种要素的商品价格也低，因此出口的产品是密集使用该国相对丰富要素生产的产品，即母国出口资本密集型产品，东道国出口劳动密集型产品。传统的 H-O 理论中假设生产要素不能在两国间流动，因此无法应用在资本要素流动的情况下，也就不能解释对外直接投资和对外贸易的相互关系。蒙代尔修改了 H-O 模型的假设条件，假设要素可以流动来分析投资与贸易关系，并且分成两种情况来讨论国际资本流动与国际贸易的关系：一种情况是要素不能流动但是商品可以流动；另一种情况是要素可以流动但是商品不能流动。

下面进行分析的是第一种情况，即母国和东道国之间要素不能流动，而贸易可以自由进行的情况。在自由贸易条件下，为了使商品价格和要素价格均等化，母国会出口资本密集型产品 Y，进口劳动密集型产品 X，东道国会出口劳动密集型产品 X，进口资本密集型产品 Y。在贸易均衡状态下，母国和东道国两国的资本要素与劳动要素报酬都相同，两种商品在两国的价格也相同。

我们用图来描述下列情况的贸易静态均衡。如图 2-4-3 所示，用横轴和纵轴分别表示劳动密集型产品 X 和资本密集型产品 Y 的产量。曲线 PPF、PPF' 分别是母国、东道国的生产可能性边界，TOT 是贸易平衡时的商品相对价格曲线。商品相对价格曲线与生产可能性边界曲线的切点就是一国的最佳生产组合点，商品相对价格曲线与消费无差异曲线的切点就是最佳消费组合点。母国的 X、Y 两种产品的最佳生产组合点为 E，最佳消费组合点为 T，因此母国出口 OE 量的产品 Y，进口 OT 量的产品 X；而东道国的最佳生产组合点为 E'，最佳消费组合点是 T'，因此东道国出口 OE' 量的产品 X，进口 OT' 量的产品 Y。根据贸易平衡关系，母国进口等于东道国出口，母国出口等于东道国进口，因此母国的三角形 OET 与东道国的三角形 O'T'E' 全等。于是，在母国和东道国相同的商品相对价格比率下，两国同时达到了贸易平衡，这时就不会出现资本流动。[①]

---

① 康振宇. 全球价值链下中国对外直接投资的贸易效应 [M]. 北京：知识产权出版社，2017.

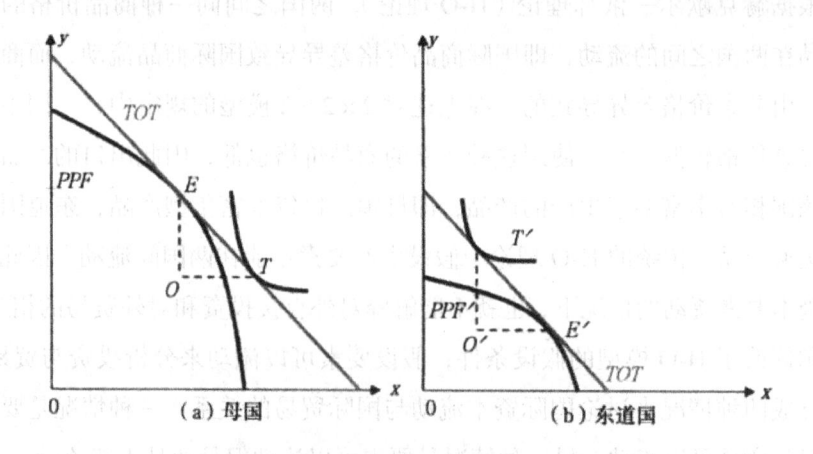

图 2-4-3　自由贸易条件下的蒙代尔模型

2. 赫斯特（Horst）的贸易替代理论

基于跨国公司的专有资产模型，进一步分析跨国公司在对外直接投资和出口之间的选择。拥有专有资产的跨国公司在海外市场可能获得专有资产的收益，这类企业可以通过海外机构生产和销售含有专有资产的产品。跨国公司可以采用对其他企业授权在当地生产产品，或者在跨国公司本国生产和出口。

因此，专有资产模型认为出口和对外直接投资是跨国公司可以选择的替代策略，限制两国贸易的因素会促进相关行业的海外投资，海外投资成为一种选择，例如一国增加关税，降低了该国的进口，刺激了跨国公司对该国的投资。

企业的对外直接投资和出口选择理论模型的假设条件如下：

（1）跨国公司在两个市场销售产品，即母国市场和东道国市场。

（2）跨国公司具有一定的垄断力，可以决定其产品的价格。

（3）母国是跨国公司的生产基地。

（4）在每个市场上，对跨国公司产品的需求曲线是向下倾斜的曲线。

（5）资本可以流动。

（6）企业追求利润最大化。

赫斯特对企业生产的规模经济情况进行了分析，如果存在规模经济的情况，边际成本曲线的斜率是向下的，而不是向上的。在这种情况下，跨国公司不会出现在一个市场既生产又进口的情形，而是可能只在母国生产并出口到东道国市场，或者只是在东道国生产并出口到母国,又或者在母国和东道国都生产但没有出口。当东道国采用高关税政策时,跨国公司可能发现在东道国生产,满足东道国全部需求的产品更有利可图,甚至把母国的生产也全部转移到东道国,母国全部从东道国进口产品(当然这与母国的关税也有关系)。在规模经济条件下,母国和东道国的市场规模也会影响企业的生产区位选择。例如,母国市场很大,东道国市场很小,企业会理性地把全部生产放在国内,通过出口进入东道国市场,尽管在一定规模下东道国有生产成本的绝对优势。而且为了使跨国企业能够把生产留在国内,母国政府会采取征收较高关税阻止企业把生产向东道国转移。

3. 弗农(Vernon)的产品生命周期理论与贸易效应

传统的对外直接投资和对外贸易的关系都是建立在古典和新古典理论的分析框架基础上,这些理论都有一些相同的假设条件,例如两国存在要素禀赋差异,母国是资本丰裕的国家,东道国是劳动丰裕的国家。这些理论暗示资本相对缺乏的国家,资本要素不可能流出,因此这些理论无法揭示资本要素不丰裕的国家对外直接投资和对外贸易的关系。发达国家一般都是资本相对丰裕的国家,采用古典和新古典理论的分析框架可以解释发达国家对外直接投资和对外贸易的关系,然而这些理论无法应用于发展中国家,因为发展中国家普遍是资本相对稀缺的国家。在20世纪60年代,新贸易理论和跨国公司理论发展起来,这些理论可以用来从不同的视角分析对外直接投资和对外贸易的关系,例如弗农的产品生命周期理论。在上文中已经对产品生命周期理论进行了相关介绍,这里重点对产品生命周期理论中的贸易效应展开论述。

弗农提出了国际直接投资和国际贸易的产品生命周期理论(Cycle of Product Life),该理论更多的是强调创新的时效性、规模经济的影响和贸易的不确定性,而不是强调相对成本因素。产品生命周期是指产品市场需求的变化,即一种产品一般都会经历一个开发、引进、成长、成熟、衰退的阶段。弗农的产品生命周期理论把产品的生命周期按照时间顺序划分为三个阶段,即产品创新阶段(New Product Stage)、产品成熟阶段(Mature Product Stage)和产品标准化阶段(Standardized Product Stage)。产品的每个阶段,生产地点和技术特点都发生显著的变化,体现了不同国家竞争地位的差异,从而决定了国际贸易和国际直接投资的变化。我们按照产品生命周期的三个阶段来分析对外直接投资和对外贸易的流动模式,如图2-4-4所示。在图中,横坐标表示时间,纵坐标表示产品数量。

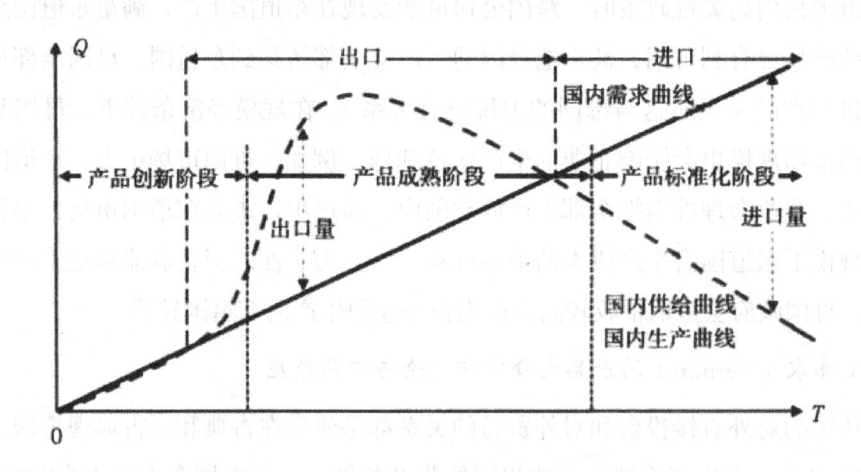

图 2-4-4 产品生命周期中的贸易效应

第一阶段为产品创新阶段,特征如下:

(1)投入要素不断变化,产品成本不确定,要素投入以技术密集型为主。新产品需要不断进行改进,投入要素也需要不断调整,无法最终确定产品成本。

(2)需求的价格弹性小,产品异质性和垄断性强。新产品与市场原有产品相比具有差异性,企业具有一定的垄断力,同时,产品消费者对价格不敏感。

(3)新产品开发企业需要与消费者、供应商和竞争者进行快速、有效的沟通。新产品还没有完全定型,市场具有很多不确定性,企业需要收集更多的市场信息。

根据产品创新阶段的三个主要的特点,企业通常会选择在国内生产新产品,国外市场对新产品需求小,企业会通过出口的方式满足国外少量的市场需求。因此,在产品创新阶段,母国企业出口新产品,不会选择对外直接投资在海外生产新产品,这种母国生产的选择不是简单地考虑要素成本和运输成本。

第二阶段为产品成熟阶段,特征如下:

(1)产品特征从技术密集型产品变为资本密集型产品,生产过程、工艺和技术趋于稳定,不再需要大量的研发等技术投入。

(2)市场需求增长和生产规模扩张,经过一定时间的市场培育,新产品接受度不断增加,产品需求量和销售量迅速增加。

(3)生产成本优化,生产成本不断降低,出现规模经济效应,产品利润增加。

（4）竞争企业进入市场，同类产品供给增加，产品价格下降，企业利润增长速度减慢。

（5）竞争加剧促进企业出口，技术逐渐向外国转移，仿制品和替代品出现，市场竞争加剧。在第二阶段，母国产品还具有一定市场垄断力，其产品还存在一定的异质性。母国开始考虑采取对外直接投资方式，通过在当地生产和当地销售的方式降低贸易影响，这样就出现原来的出口产品被直接投资所代替的现象，因此，在产品成熟阶段会出现对外直接投资代替部分出口的贸易替代效应，减少母国对东道国的出口。

第三阶段为产品标准化阶段，特征如下：

（1）产品特征从资本密集型产品变为劳动密集型产品。

（2）企业间的竞争逐渐转化为价格竞争，价格竞争又彻底转化为成本竞争。在产品进入标准化阶段后，母国生产产品的优势已经完全消失，因此母国会加大在东道国生产产品的投资，甚至母国不再生产该产品，完全由东道国生产，母国直接从东道国进口产品。因此，这个时期，产品价格持续下滑，产品需求增加。

如果我们从不同的时点来看，对外直接投资具有不同的效应。第三阶段与第一、第二阶段比较，我们可以说母国的直接投资替代了母国的出口，但是只是从第三阶段看，对外直接投资促进了对外贸易的增加，主要促进了母国从东道国进口的增加。

4. 小岛清（Kojima）的互补效应理论模型

实物资本（Real or Physical Capital），而小岛清称实物资本是一种货币资本（Money Capital），货币资本是一种一般的、同质的生产要素，可以配置在任何经济部门。有学者将对外直接投资当作货币资本流动来处理，假设二者之间没有差别。但是小岛清认为二者之间存在明显不同，对外直接投资影响母国和东道国之间的经济活动，而国际货币资本被吸收会导致生产要素（资本和劳动）的重新分配，从而达到两国的一般均衡。

根据货币资本和对外直接投资的差异，小岛清同样采用蒙代尔的 $2 \times 2 \times 2$ 模型，即两个国家（母国和东道国）、两种要素（资本和劳动）和两种产品（劳动密集型产品 X 和资本密集型产品 Y），提出了对外直接投资的互补理论。小岛清

的互补理论的假设条件中重申了对外直接投资的特点,其他假设条件基本与蒙代尔的一致,具体的假设条件如下:

(1)母国是资本丰裕国家,东道国是劳动丰裕国家,两国都生产劳动密集型产品 X 和资本密集型产品 Y。

(2)母国在生产资本密集型产品 Y 上具有比较优势,东道国在生产劳动密集型产品 X 上具有比较优势。

(3)母国和东道国生产函数不同,母国在劳动密集型产品和资本密集型产品的生产中都采用先进的生产函数,母国和东道国在资本密集型产品 Y 的生产中技术水平差距大,在劳动密集型产品 X 的生产中技术水平差距小。

(4)对外直接投资是资本技术、管理和知识的综合体,从母国的特定产业部门向东道国的同一产业部门转移,对外直接投资的核心不是货币资本流动,而是技术的转移。

(5)东道国和母国的技术差距较小时,母国的先进技术比较容易被东道国吸收,也就是说母国会对东道国的劳动密集型产品 X 部门进行投资,而不是资本密集型产品 Y 部门。

由于小岛清假设母国的对外直接投资是先进生产函数的转移,而不考虑少量货币资本的流动,因此母国在对东道国投资后其生产可能性边界曲线不发生改变,而东道国在吸收了先进的技术资本后,生产可能性边界曲线会向外扩张。

我们利用图来分析技术资本转移对贸易的影响。如图 2-4-5 所示,在东道国接受母国的技术资本投资后,东道国的生产可能性边界曲线从原来的 PPF' 扩张为 ppf'。假设原来的商品价格比率不变,即 TOT 斜率不变,那么东道国在吸收资本后的生产最佳组合点也沿着雷布津斯基线 R 向外移动。由于东道国劳动密集型产品 X 的产量增加,供给增加,价格下降,交易曲线 TOT 将变得平坦,达到稳态时交易曲线变为 TOT',东道国的生产最佳组合点从 E' 点外移到 e' 点。东道国的消费无差异曲线与商品相对价格比率曲线相切点从 T' 点外移到 t' 点,东道国劳动密集型产品 X 和资本密集型产品 Y 的消费量都增加,劳动密集型产品 X 的出口量从 O'E' 增加到 o'e',资本密集型产品 Y 的进口从 O'T' 增加到 o't',东道国的贸易量增加,从原来的三角形 O'E'T' 扩大到三角形 o'e't'。

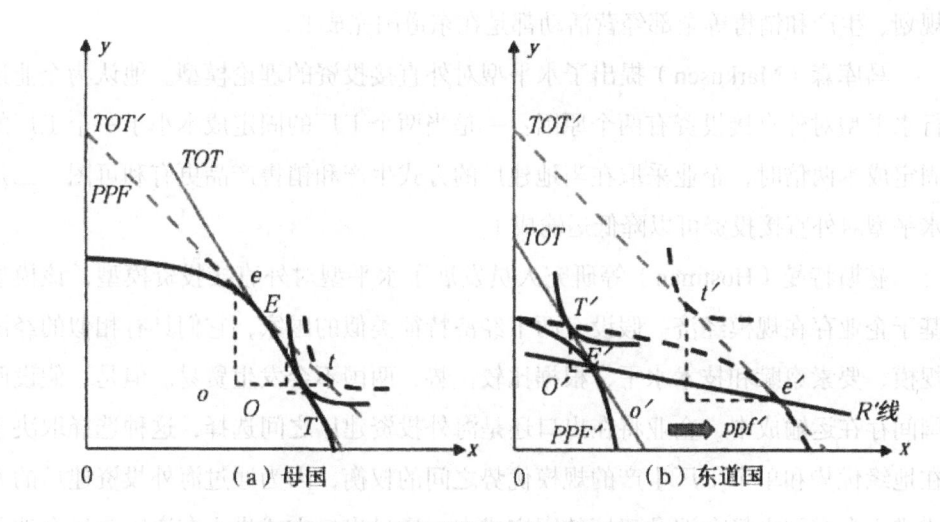

图 2-4-5 小岛清的互补效应理论模型

接下来，我们再分析母国的贸易量变化。在图中，母国在技术资本流出后，由于货币资本没有变化，母国的生产可能性边界曲线没有变化，但是由于东道国劳动密集型产品的增加，导致交易曲线变得更加平坦，从 TOT 变为 TOT'，说明母国在资本密集型产品 Y 上的比较优势增强，劳动密集型产品 X 的比较劣势进一步扩大。于是，母国生产的最佳组合点从原来的 E 点变为 e 点，劳动密集型产品 X 的产量减少，资本密集型产品 Y 的产量增加。母国的消费无差异曲线与商品相对价格比率曲线相切点，从 T 点转移到 t 点，母国劳动密集型产品 X 和资本密集型产品 Y 的消费都增加，劳动密集型产品 X 的进口从 OT 增加到 ot，资本密集型产品 X 的出口从 OE 增加到 oe，母国的贸易量增加，从原来的三角形 OET 扩大到 oet。

在两国模型中，一国出口等于另一国进口，母国和东道国的两国新贸易三角形必然全等，即母国所增加的资本密集型产品 Y 的出口等于东道国的进口，母国的劳动密集型产品 X 的进口等于东道国的出口。因此，母国和东道国通过技术资本转移，扩大了两国的贸易量，这说明对外直接投资和对外贸易之间是互补关系。

（二）全球价值链与贸易效应

1. 水平型对外直接投资的贸易效应

水平型对外直接投资是指母国企业在东道国进行直接投资时，产品的设计、规划、生产和销售等全部经营活动都是在东道国完成的。

马库森（Markusen）提出了水平型对外直接投资的理论模型。他认为企业进行水平型对外直接投资有两个原因：一是当两个工厂的固定成本小于一个工厂的固定成本两倍时，企业采取在当地建厂的方式生产和销售产品更有利可图。二是水平型对外直接投资可以降低运输成本。

赫斯特曼（Hostman）等研究人员发展了水平型对外直接投资模型，该模型基于企业存在规模经济。假设有两个经济特征类似的国家，它们具有相似的经济规模、要素禀赋和技术水平，根据比较优势，两国不会发生贸易。但是，假设两国间存在运输成本，企业将在出口还是海外投资建厂之间选择，这种选择取决于在地缘优势和单个工厂生产的规模优势之间的权衡，因为通过海外投资建厂的方式进入东道国市场会涉及建厂的固定成本，通过出口方式进入东道国市场会涉及运输成本。当固定成本、运输成本等高于海外设厂固定成本时，企业会进行海外投资；当运输成本趋于零时，企业会以产品出口的方式进入国外市场，避免海外设厂的固定成本。马库森（Markusen）和维纳布尔斯（Venables）进一步拓展了上述模型，考虑了国家特征不对称的情况，即经济规模和要素禀赋的差异。马库森和维纳布尔斯认为当两国的要素禀赋和市场规模相近时，由于跨国公司的出现，对外直接投资替代了国际贸易，两国间贸易流量减少。这一结论与H-O的要素禀赋理论——蒙代尔的模型是一致的，即水平型对外直接投资具有贸易的替代效应。

水平型对外直接投资贸易效应的主要结论有以下内容：

（1）与采用产品出口的方式进入海外市场相比，水平型对外直接投资可以避免关税和运输成本，因此关税等贸易限制的提高或者运输成本的增加会促进母国企业采取海外投资建厂的方式服务海外市场，抑制了企业采用产品出口的方式进入国外市场。

（2）母国的规模经济效益低于东道国投资建厂的规模经济效益时，母国选择对东道国进行直接投资，通过在东道国建厂服务海外市场，因为海外工厂的额外规模经济收益可以抵消投资建厂的固定成本。

（3）东道国的市场规模越大，对水平型对外直接投资的吸引力越大，因为东道国较大的市场规模能够摊平对外直接投资所增加的固定成本。

（4）母国企业的专有资产的作用越大，即总部经济的规模经济越大，对外直接投资的倾向性越大，因为总部经济的规模经济能够降低海外生产的固定成本。总之，由于跨国公司的出现，水平型对外直接投资具有贸易替代效应。

2. 垂直型对外直接投资的贸易效应

垂直型对外直接投资是指母国企业在东道国进行直接投资时，产品生产的一个或者部分环节在东道国完成，产品生产的其他环节仍然留在母国，即母国企业把不同生产阶段分别配置在成本相对较低的国家，因此垂直型对外直接投资的主要目的是充分利用国家间的要素禀赋差异。简单地说，垂直型对外直接投资是根据不同生产阶段的要素密集度差异和国家间要素禀赋差异，为了降低每个生产阶段的生产成本，比较生产阶段的要素密集度和外国要素丰裕度，配置不同生产阶段到相应的国家。

以色列经济学家赫尔普曼（Helpman）提出了垂直型对外直接投资模型，赫尔普曼和克鲁格曼（Krugman）对该模型进一步完善。垂直型对外直接投资模型强调了相对要素禀赋差异，没有考虑运输成本等，它采用两个国家、两种产品和两种要素的模型。该模型包括母国和东道国两个国家，有资本和劳动两种生产要素，一个同质性产品 X 和一个差异性产品 Y。为了不失一般性，假设母国资本相对丰裕，东道国劳动相对丰裕。两国都可以采用规模报酬不变的技术生产同质的劳动密集型产品 X，并且产品 X 的市场是完全竞争市场。差异性产品 Y 是人力资本密集型产品，其市场是不完全竞争市场，差异性产品 Y 的生产可以分为两个阶段：人力资本密集型的总部服务和劳动密集型的工厂生产。总部服务具有类似公共物品的非竞争特性，可以为多个工厂的生产提供管理、服务、技术，因此差异性产品 Y 的生产是规模报酬递增的。假设两国间可以自由贸易和每个企业都只有一个工厂，会有以下两个情况：

（1）当两国的资本要素禀赋差异较小时，由于两国要素价格基本上没有差异，母国企业不会在海外设立工厂，全部在国内生产，这时母国出口部分差异性产品 Y。

（2）当两国要素禀赋差异较大时，为了利用两国要素价格差异，母国企业把产品 Y 的生产分成两个部门，把劳动密集型的工厂生产转移到东道国，把人力资本密集型的总部服务留在母国，这就形成了两国的垂直分工。同时，母国把劳动密集型产品 X 的生产也转移到东道国生产。

通过垂直型对外直接投资，母国把产品的劳动密集型生产阶段配置到劳动丰裕的东道国，母国通过总部出口人力资本要素密集的服务到东道国，最终生产人力资本要素密集的产品，并且从东道国进口这些最终产品。显然，两国的要素禀赋差异促进了母国垂直型对外直接投资，要素禀赋差异越大，垂直型对外直接投资越多。同样，总部服务和工厂生产的要素密集度差异越大，垂直型对外直接投资越有可能发生。

母国的垂直型对外直接投资导致母国出口人力资本密集型的总部服务，进口人力资本密集型的最终产品和劳动密集型产品，因此垂直型对外直接投资促进了贸易量的增加。

3. 增加值与贸易效应

国际贸易中包括中间产品[①]和最终产品。随着经济全球化的不断发展，中间产品贸易的增长超过了最终产品贸易的增长，中间产品贸易在国际贸易中的比重不断提高。中间产品贸易在一定程度上反映了国际分工的程度，但是这也导致了采用传统贸易数据无法衡量一国在国际贸易中的真实收益，因为在每一个国家的出口中都或多或少地含有其他国家或地区的中间产品。另外，有些学者研究对外直接投资的贸易效应时不仅包括出口还包括进口，但是存在这样一个问题，出口和进口无法统一在一个框架中，这也是因为出口中含有国外中间产品，以及进口的中间产品经过加工后再出口，导致分析贸易效应时顾此失彼。然而，增加值贸易可以解决该问题，因为增加值核算贸易时会消除中间产品的重复计算问题及区分增加值的来源。接下来，我们从东道国和母国不同主体来看国际直接投资与国际贸易的关系，根据经济活动的不同，对经济活动进行了（1）—（6）编号。

东道国与贸易：

（1）母国直接投资作为东道国的投入要素参与东道国国内生产。

（2）东道国进口中间产品来生产最终产品或者出口中间产品。

（3）东道国进口的最终产品满足国内需求。

（4）东道国国内生产的最终产品部分用来满足国内需求。

（5）东道国国内生产的一部分最终产品和中间产品出口。

---

① 根据联合国 Broad Economic Catalogue（BEC）分类法，按照产品的生产过程或使用原则把商品分为三大类，即初级产品、中间产品和最终产品。这里所指的中间产品包括初级产品。

(6)东道国进口产品,包括最终产品和中间产品。

母国投资与贸易:

(1)母国对东道国进行投资。

(2)母国进口中间产品用来生产最终产品或者出口中间产品。

(3)母国进口的最终产品满足国内需求。

(4)母国国内生产的最终产品部分用来满足国内需求。

(5)母国国内生产的一部分最终产品和中间产品出口。

(6)母国进口产品,包括最终产品和中间产品。

以往的对外直接投资贸易效应的研究,其实质就是研究(1)对(5)和(6)的影响,由于国际分工网络的复杂性,很难把出口效应和进口效应结合在一起进行分析。国际贸易中既有中间产品又有最终产品,如果出口产品中使用了较高比例的进口中间产品,那么出口效应被高估了;如果进口产品中还有较高比例的中间产品,并且这些中间产品主要用于出口产品的生产,那么进口效应被高估了。

增加值贸易能够把进出口贸易整合起来,为一国贸易政策的制订提供依据。增加值贸易是指一国通过进口并最终消费了多少外国的增加值,以及出口了多少增加值满足外国的最终需求,不关心是以最终产品方式还是以中间产品方式。增加值出口是一国的国际贸易实际收益,即国内劳动和资本从国际贸易中获得的报酬,增加值出口越多,国内劳动和资本获得的报酬越多。因此,采用增加值贸易来研究对外直接投资的贸易效应,我们能够把贸易理论和实证研究统一起来,即不论国际生产网络有多么复杂,核心问题是在国际生产网络中获得了多少报酬。这样,我们就把复杂的问题简单化了,总额出口越多并不代表收益越多,总额进口越多并不代表支付越多(如加工贸易),以增加值为核心,贸易效应的研究回归到了贸易理论的核心内容,即贸易效应替代或者互补了贸易中本国创造的增加值。

以上内容总结了对外直接投资贸易效应的经典理论和与其相关的一些理论。在理论研究中,对外直接投资的贸易效应理论有两种:贸易替代理论和贸易互补理论,但是在实证研究中,实证结果可能会存在三种情况:贸易替代效应、贸易互补效应或者贸易效应不显著。

需要特别强调的是，以往的实证研究主要采用海关统计的总额贸易数据，这导致无法了解贸易替代理论或者贸易互补理论到底是替代或者互补了本国创造的增加值还是外国创造的增加值。因此，介绍了采用增加值贸易代替总额贸易来分析对外直接投资贸易效应的优点，它充分体现了贸易效应的本质，即研究的是替代还是互补了母国创造的增加值，这是国际贸易分析的实质。

经典的贸易效应理论都有着严格的假设条件，在现实经济中每一种理论的假设条件不一定都能满足，因此我们还需要从实证方面进行检验。

第三章 我国对外直接投资政策与策略

本章的主要内容是我国对外直接投资政策与策略，分别从四个方面进行相关论述，依次是我国对外直接投资的政策、我国对外直接投资的风险、我国对外直接投资体系完善的对策、低碳经济下我国对外直接投资策略。

第一节 我国对外直接投资的政策

一、我国对外直接投资政策的形成逻辑

中国对外投资政策的变化是中国改革开放后国民经济政策变化的一个缩影，因此，中国对外投资政策的演变所遵循的基本逻辑是反映在国民经济政策变化逻辑之中的嵌入。2017年党的十九大报告提出我国社会主要矛盾已经转化为"人民日益增长的美好生活需要和不平衡不充分的发展之间的矛盾"[1]，将解决不平衡不充分发展作为主要任务，在对外投资政策层面则体现为"互利共赢、多元平衡、安全高效"，这是中国对外投资政策变迁遵循的基本逻辑。该基本逻辑所遵循的社会主要矛盾变迁也可以被具体化为生产力和生产关系之间的矛盾，以及经济基础和上层建筑之间的社会发展基本矛盾关系。为了促进生产力的增长，社会发展基本矛盾关系的变化在国民经济发展的不同阶段会反映出不同的任务。为了促进生产力发展而推动市场化改革，以解决生产关系矛盾。为了进一步推动生产力发展和适应生产关系的变化，我们积极推进法治建设的完善。通过对中国工业化、

---

[1] 王建国，邓岩. 新时代中国社会主要矛盾的转化与执政党的历史使命[M]. 武汉：华中师范大学出版社，2020.

市场化和法治化建设的推进历程进行分析，我们可以进一步探讨中国对外投资政策变迁的形成逻辑。

第一，自改革开放以来，工业化的迅速发展使中国积累了强大的对外投资能力，同时也推动了工业化进程和释放了工业产能，这成为中国对外投资政策的核心目标之一。改革开放后，面对党的八大提出的建立先进的工业国的要求与国内工业化发展中的现实矛盾，需要寻找解决的出路。然而，在改革之初，国内工业化发展缺乏资金、技术和管理经验等方面的支持。因此，必须通过吸引外商投资来弥补这一发展缺口，这成为主要的途径。当时，由于缺乏大规模海外投资的条件，只能寄望于这种方式来推动工业化的进程。此外，国内市场正面临着供不应求的问题，工业化产品的销售主要依赖于国内需求。在1998年左右，我国的经济状况发生了已定的变化，由"短缺经济"转化为"过剩经济"，同时受到东南亚金融危机对出口贸易的影响，因此需要通过海外投资来促进出口。在这个背景下，国家提出了"走出去"战略，旨在通过向境外转移国内优势长线加工生产能力来开拓海外市场。这一战略的提出意味着中国已经具备了大规模的海外投资条件。中国在21世纪的第一个10年达到了工业化的巅峰，投资、增长和出口都保持着高水平发展，同时对外投资也实现了快速增长。此外，全球经济危机在2008年为中国工业化生产能力的海外转移提供了难得的低成本投资机遇。在21世纪的第二个10年，国内消费的提升导致内需下滑，同时制造业经历了升级，而传统工业的产能则过剩。此外，国内产业的升级和转型迫切需要高端技术，这加大了与发达国家的需求相似，但表述方式完全不同。然而，在实际情况下，由于国外对中国的技术封锁，我们被迫选择了一条与中国式现代化完全不同的道路，这在对外投资中体现为"互惠互利、多样化平衡、安全高效"。

通过回顾上述内容，可以明确认识到，我国的国家实力在工业化发展方面得到了提升，这也为我国进行对外投资打下了坚实的基础。尽管在实际实现上存在一定限制，但通过对外投资获得工业化发展所需技术的主观需求仍然存在。然而，通过对外投资进入海外市场，可以更充分地实现工业化产能的释放。因此，围绕工业化发展的生产能力提升和产能释放成为对外投资政策的一个重要目标。

第二，市场化改革导致了对外投资主体的多样化，对外投资政策成为国内市场化制度改革的一个重要方面。随着外资涌入中国的规模不断扩大，在20世纪80年代，对国内同行业的冲击也越来越大。然而，由于国内制度上的限制，外商投资在中国的进一步发展受到了阻碍。因此，为了进一步推进市场化改革，于1992年明确提出了建立中国特色社会主义市场经济制度的任务。当前，市场化改革的成果主要体现在国内市场对外商投资的增长，同时，国内企业在国内市场竞争中不断提升与国际接轨进行商业合作的能力，一些企业在向国外企业学习后开始主动拓展国际市场。在国内农村市场化改革过程中，乡镇企业逐渐发展壮大，而在城市国有企业改革中，一些大型企业则通过"造船出海"方式实现了对外投资，同时，各种所有制企业也纷纷参与到对外投资中，形成了多元化的对外投资主体。在20世纪末，随着国内经济从"短缺"转向"过剩"，市场化改革的重点开始从解决供给侧的生产能力不足问题转向解决需求侧的市场饱和问题，即扩大内需。同时，多元化的投资主体需要走出国门，开拓海外市场。因此，对外投资政策放松了审批权限和资金管理等方面的规制。

如今，市场化改革的重点已经转向成熟型制度建设，市场化改革的核心任务突出了全面性和综合性，注重于基本制度和运行机制，强调市场发挥决定性作用、完善产权制度、现代化治理体系和治理能力提升等方面，高质量的市场化体系建设要求与国内经济发展相协调，从而形成"国际经济合作和竞争的新优势"。在处理政府与市场的关系方面，强调政府以服务为导向，这在对外投资政策中表现为精确分类的指导和特定领域的支持；在平衡发展和稳定的关系时，我们强调调整结构，这体现为对外投资政策的"分类监管"和"避免资本外流"。

通过以上总结，可以得出结论，国内市场化改革的推进，使得对外投资企业的规模和实力得到了显著增强。同时，通过在国内市场上的竞争性学习，这些企业培养了能够"走出去"的能力。而具备成熟市场化特征的对外投资政策，则成为对外投资高质量发展的制度保障。

第三，中国对外投资的规范、安全和高效发展得以推动，法治化建设在其中起到了关键作用，而对外投资政策则成为中国参与全球经济治理的重要途径之一。与此同时，中国也积极参与制定国际贸易投资规则，并努力推动全球经济治理体系的建设。展望未来，中国将持续推进法治化建设，不断完善法治体系。法治化的核心在于"治"的互动性，中国将加强与世界的交流与合作，共同推动制度建设，促进共识达成，共同建设与共享成果。中国的对外投资政策将更加开放，具有全球性的价值意义。

二、我国对外直接投资政策的发展基调

在中国进行改革开放和社会主义现代化建设期间，中国对外投资正处于不断探索和发展的阶段，各项相关制度正在不断进行实践探索，并作出适应性的调整。随着中国特色社会主义进入新的时代，对外投资的常态化和成熟化越发明显。中国对外投资政策基调经历了由审慎开放向主动作为，再向发展成熟的演进。[①]

（一）审慎向主动的转变

在改革开放后的相当长一段时间里，国有企业是唯一承担对外投资任务的主体，在"短缺经济"与"计划经济"下缺少对外投资的客观实力与主观积极性。

1982年，党的十二大提出了"按照平等互利的原则扩大对外经济技术交流，是我国坚定不移的战略方针"。[②]

1983年，经国务院批准，外经贸部与外汇管理局等相关部门共同建立了"市—省—国家"三级审批流程，以常规化管理方式对对外投资活动进行监管，从制度层面实现了从零到有的重大突破。

1987年，党的十三大提出了"进一步扩大对外开放的广度与深度，不断发展对外经济技术交流与合作，……扩展同世界各国包括发达国家和发展中国家的经济技术合作与贸易交流"。[③]

1990年，国家外汇管理局规定只有境内投资者自有资金可以用于境外投资，这一规定不仅明确了对外投资的资金来源性质，同时也暴露了当时融资渠道的不完善。

尽管国内资本与海外投资经验都很缺乏，但在对外投资探索阶段的政策基调主要是审慎严格。例如，1991年颁布的《关于加强海外投资项目管理意见》明确指出，"我国尚不具备大规模海外投资的条件"，政策的重点是利用国外的技术、

[①] 刘文勇. 改革开放以来中国对外投资政策演进[J]. 上海经济研究, 2022（04）: 23-32.
[②] 叶全良，黄学忠，曾兆祥. 中国商业百科知识[M]. 武汉：湖北人民出版社，1987.
[③] 宋琼，田济民. 党员手册 新版增订本[M]. 北京：华夏出版社，1991.

资源和市场来弥补国内的不足。当时,超过100万美元(包括100万美元)的对外投资项目必须经过国家计委和相关部门的批准,超过3000万美元(包括3000万美元)的项目则必须向国务院报批。

1992年,党的十四大明确提出了建立中国特色社会主义市场经济制度,强调"积极扩大我国企业的对外投资和跨国经营";[①]十五大报告中进一步提出"鼓励能够发挥我国比较优势的对外投资"。[②]针对"一管就死、一放就乱"的政策弊端,1992年颁布了《境外国有资产登记管理暂行办法及实施细则》,旨在防止国有资产流失。而在1996年,又颁布了《境外投资财务管理暂行办法》,以约束对外投资流程并规范海外投资行为。这些对外投资政策在实践发展中得到了逐步完善,以弥补其中的不足之处。

困境中培育新机遇,积极采取行动。《关于推动企业开展境外带料加工装配业务的指导方针》确定了将国内轻工、服装加工等企业的优势长线加工生产能力转移到境外开展带料加工装备业务的导向思想、根本原则和政策扶持措施。

在2000年的全国人大九届三次会议中,国家决定将"走出去"战略提升为国家级战略。2001年《国民经济和社会发展第十个五年计划纲要》提出"鼓励能够发挥中国比较优势的对外投资,扩大国际经济技术合作的领域、途径和方式";[③]中共第十六次全国代表大会和第十七次全国代表大会紧密融合了"引进来"和"走出去"两个重要思想,形成了一种相互交融的新格局。在海外投资项目的项目管理和外汇使用方面,已经实施了一系列宽松的规定,这些规定使得原本需要政府审批的项目额度增加了10倍,并且一些项目的管理方式已经从审批制度转变为核准和备案制度。取消对境外投资回国所得的担保金制度,废除对外汇买卖结算的强制性规定。

除此之外,2005年国务院发布的《关于鼓励支持和引导个体私营等非公有制经济发展的若干意见》以及2007年商务部等部门发布的《关于鼓励和支持非公有制企业对外投资合作意见》均明确表态,支持非公有制企业在海外进行投资,

---

① 郜秀菊. 中国省域经济"走出去"战略研究 [M]. 郑州:河南人民出版社,2008.
② 林其屏. 对外开放理论的突破与创新 [M]. 北京:红旗出版社,2003.
③ 中国环境科学出版社. 走出去:中国对外投资、贸易和援助现状及环境治理挑战 [M]. 北京:中国环境科学出版社,2013.

并强调其应享有与其他类型企业同等的待遇。

尽管中国对外投资政策在该阶段内取得了一些成就，但仍有一些令人不满意的方面需要进行辩证地看待。

（1）存在"僵化与盲目"的问题

1991年颁布的《关于加强海外投资项目管理意见》中明确指出，我国目前尚不具备大规模海外投资的条件。这一政策基调在实际操作中起到了主导作用，制约了中国对外投资的规模性增长，这一限制延续了近10年。事实上，中国自1994年起开始连续实现贸易顺差，到2001年已经达到了225亿美元的规模。1991年的外汇储备仅为217亿美元，而到了2001年，这一数字已经增长了近10倍，达到了2122亿美元。在这段时间里，中国实际上已经积累了足够的资本用于海外投资，但是可操作的政策却没有跟上国情的发展。

此外，由国有企业主导的投资在一定程度上缺乏明智决策，例如在1992年和1993年对外投资超过40亿美元，与此之前的9亿美元以及之后连续多年的20亿美元形成明显的差距。中国对外投资政策的完善是因为中国正在逐步转型为中国特色社会主义市场经济，这也是受到以前僵化的计划经济体制的影响。国有企业在海外投资时，其管理体制对决策机制产生影响，这是第二个方面。国内外投资的处理方式存在问题，一方面出现了过于一刀切的情况，另一方面却没有处理好国内与国际投资之间的关系，尽管两者有所不同，但也存在一定联系，不能简单地以国内情况为参照来看待国际情况。事实上，由于国内固定资产投资过热自1993年开始，国家不仅清理了国内重复投资，还对对外投资造成了影响，这也是导致其后多年对外投资规模增长缓慢的原因。

（2）存在"风险防控"问题

对外投资的行业选择主要集中在资源型初级产品或劳动密集型产业领域，而在区域选择方面，主要集中在亚洲和拉丁美洲。在这些地区中，中国香港、开曼群岛和维尔京群岛等被称为避税天堂的地方所占比例较高。此外，中国出口信用保险公司是政府唯一支持的出口信用保险机构，但在商业性海外投资保险方面尚未形成互补的市场机构。国有企业在海外投资方面监管不力的问题也是一个长期存在的风险漏洞。原因之一是中国在产业和区域选择方面无法作出更多的科学决策，是因为客观上的外部环境不允许。二者之间的区别在于缺乏长期战略思维和宏观布局意识，这是决策能力和水平的不足所导致的。目前，整体政策体系的衔接问题仍然存在，而且存在一种名为"折返投资"的现象，即一些注册在海外避税天堂的投资再次流回国内，形成外商投资。

总体来说，在改革开放和社会主义现代化建设阶段，对外投资政策和国家整体宏观政策发生了一系列变化，这些变化与历次党的代表大会所作出的重要决策以及国内外宏观经济环境的变化密切相关。在1978年至1992年初期，由于国内资金和海外投资经验都非常匮乏，因此对于审批事项非常严格。在中期（1992—2000年）期间，中国特色社会主义市场经济体制的确立和国际交往能力的提升，导致了"放松规制"的出现。在2000年至2012年的后期阶段，中国积极主动行动，充分利用两次外部经济危机带来的机遇，同时又受益于加入WTO后国际投资环境的改善。中国对外投资政策的制订经历了不断填补空白和纠正偏差的过程，同时也积极抓住机遇并及时调整，最终达到了动态成熟的阶段。

（二）走向成熟

1. 推进互利共赢

在海外投资中，中国政府主导建立了一个共同基金，旨在促进企业在自然资源领域的股权投资，例如2012年中国进出口银行与美洲开发银行共同出资建立的基金，以支持企业在拉美地区的基础设施和大宗商品等方面的合作；2014年，中国国家开发银行和法国国家投资银行联合注资基金，旨在为中法两国的中型规模企业提供专项支持。这些都是政府主导下的共同基金模式。此外，中国政府在推广境外经贸产业合作区建设方面不遗余力，为东道国留下了可供借鉴的成功经验。中国与东道国之间的互利合作与共赢发展，得益于上述政策与举措的积极推动。

2. 走向多元平衡

党的十八大第一次采用了"多元平衡"这一新概念，以替代之前的"内外平衡"。所谓"多元平衡"不仅强调了内外贸易、投资和市场的平衡，还强调了对外经济往来对象、领域和主体的平衡，尽管意思相似，但表述方式却截然不同。就对外投资而言，在这个地方，主要呈现出四个方面的表现：首先是要协调国内外的产能平衡发展。根据2015年《关于推进国际产能和装备制造合作的指导意见》，中国装备制造业在选择与发展中国家合作时，会考虑到两国产能的契合度高、合作条件和基础良好，以及对合作的愿望强烈等特征。而对于发达国家，中国则采取"以点带面，逐步扩展"的策略。为了推动民营企业的改革发展和转型升级，2020年发布了《关于支持民营企业加快改革发展与转型升级的实施意见》，其中提出了支持民营企业平等参与海外项目投标，并避免与国内企业之间的恶性竞争。为了帮助民营企业进军国际市场，可以利用第三方市场合作的平台、行业组织以及海外的中国中小企业中心等资源。积极参与国际贸易投资新秩序的建设是第三个重要的任务。建立多样化而稳固的合约投资伙伴关系是必要的。自十八大以来，我国与韩国、澳大利亚、瑞士等国家签署并升级了多项自由贸易和投资协定，同时还加入了区域经济伙伴关系协定（RCEP）。根据商务部于2021年7月发布的《企业利用投资协定参考指南》，截至目前，我国已与108个国家和地区签署了现行有效的投资协定，这些稳定的协议投资伙伴关系有效地推动了我国对外投资的增长。

3. 实现安全高效

其主要体现为三个方面：首先是预防风险；其次是避免风险；最后是控制风险。在帮助中小企业扩展海外市场方面，政府设立了"市场开拓资金"，用于支持它们在海外进行投资。此外，政府还设立了"矿产资源风险勘察专项资金"，用于支持高风险资源类勘探活动。另外，政府还鼓励具有相对优势的企业走出国门，为此设立了"对外经济技术合作专项资金"。这些资金的设立都是为了支持企业的发展，尽管它们的表述方式不同，但意思是相似的。

就事论事地说，中国对外投资政策的成熟度是不断变化的，需要根据发展实践进行持续改进。目前中国对外投资政策体系的完善，需要从不同的角度出发。一方面，可以考虑由商务部、发改委、外汇局等部门制订政策，以确保政策的灵活性和及时性。另一方面，也应该通过全国人大或人大常委会制定通过的法律来保护海外投资权益或主张国家战略意图，从而形成具有上位法律地位的国内法，以确保对外投资政策的统一性。这样的做法将更有利于中国对外投资政策体系的形成与发展。此外，我们应该借鉴欧美国家"产业空心化"的教训，改进海外投资促进制度，包括税收、信贷和信息服务等方面，以适应国内产业转型升级的需求。我们要建立精准的海外投资产业选择机制，并与国内产业升级形成互动，同时设计激励性的制度体系，以促进逆向溢出效应的吸收。

总的来说，在过去的几年里，随着国家治理体系和治理能力的现代化水平的不断提高，政府职能部门的定位也发生了转变，从过去的监管角色转变为更加注重提供服务的角色。对于高新技术、高端装备、资源开发和基础设施行业领域的对外投资产业，政策导向的明确性更加突出，政策的实施效果更加显著，有效地防范了资本外流风险，同时抑制了非理性的海外并购风险。国内与国外经济产业之间的互补性发展被突显出来，这推动了多元经济主体包括非公资本"走出去"，并逐渐达到世界一流企业的标准，实现了强大的增长和扩张。中国的对外投资政策已经形成了一套独特的制度特征，具备相对成熟的中国特色。

三、新征程中我国对外直接投资政策的特征

第一，实现价值的多元化是我国对外投资政策的首要目标。随着中国与世界的深度融合，对外投资所承担的使命和任务也变得更加多样化，与中华民族伟大的复兴梦以及全球持久和平共同繁荣的愿景紧密相连且相互交织。中国企业海外投资与东道国之间需要找到一个最大化利益交融的平衡点，同时要面对商业化价值与命运共同体意识、短期利益与长期发展之间的冲突与博弈。在处理这些问题时，我们要坚持相互尊重与平等互利的原则，通过对话和协商解决分歧。此外，我们还应重视长期合作和寻求共赢的发展，这将成为中国对外投资政策的基本价值取向。"各国要树立命运共同体意识，真正认清'一荣俱荣、一损俱损'连带效应，竞争中合作，合作中共赢"[①]。

第二，中国的对外投资政策体系功能将从"分散的优势"发展为"综合的优势"。中国在与发展中国家合作时，主要侧重于资源合作开发，而在与发达国家合作时，则更注重技术学习。虽然两者有不同的重点，但无论是价值认同、经济成本还是技术相对优势，都是针对具体情况具体分析。中国在过去的几年中，在轨道交通、通信设备、发电与输变电设备等领域取得了很多创新性的发展成就。同时，中国的经济总量也已位于世界第二。此外，中国还为非洲的发展提供了信

---

① 刘文勇. 改革开放以来中国对外投资政策演进 [J]. 上海经济研究，2022（04）：23-32.

贷和政府援助资金支持，形成了明显的技术和资金优势。中国是一个具有4亿多中等收入群体的"世界市场"，同时也是一个拥有1.7亿多受过高等教育或拥有各类专业技能人才的"世界工厂"。此外，中国还拥有与多个国家潜在市场内外联通的齐全配套产能，这些都是中国对外投资的市场与产能优势。

第三，中国的对外投资政策原则理念将更加坚守"结合两者"的思维。在推动社会主义现代化国家全面建设的新征程中，秉持"五大发展理念"，更好地创造新的发展格局，必须坚持经济发展与生态环境保护相结合，人民生活改善与社会公平正义相结合，政府职能转变与治理能力提升相结合，市场机制完善与国家调控相结合，创新驱动与改革开放相结合的原则。

（1）中国对外投资政策必须紧密结合中国的具体国情，坚持马克思主义基本原理与中国实际相融合，这要求政策制定必须从中国发展实践出发，不能脱离中国发展的具体特点，而后才能正确运用马克思主义的基本原则方法。中国对外投资政策的制定将以中国国内经济高质量发展为实践基础，以应对新时代新征程的挑战。中国对外投资政策的原则理念只有在与中国经济发展实践相结合的前提下才能得以实施，这正是中国对外投资政策制订实践中运用了马克思主义辩证法强调的"实事求是"思想路线的体现。

（2）中国对外投资政策必须保持将马克思主义基本原理与中华优秀传统文化相结合。中国传统文化强调的是以义为先，将双方利益兼顾，造福人民，造福人类，摆脱发达国家历史上的"竭泽而渔"式的短期利益最大化思维逻辑。中国在推进对外投资政策时，将坚持在国内发展和国际交往之间寻求良性互动，并不断创新发展，同时注重将中国式传统文化与社会主义国家价值观有机融合。

第二节 我国对外直接投资的风险

一、对外直接投资风险的基本内涵

（一）对外直接投资风险内涵的分析

随着各种跨境经贸活动的开展和跨国公司对外直接投资，东道国的各种风险也充分暴露。西方学者将其称为国家风险。国家风险（country risk）是指欧美跨国公司在发展中国家进行投资或贷款，由于发展中国家自身的政治、经济、社会等原因造成投资或贷款难以收回的情况。中东石油危机和拉美金融危机催生世界范围内多个国家爆发各种风险。因此，西方学者对上述国家产生的风险进行了大量研究。

国内外多名学者对国家风险的内涵进行界定。有关学者将国家风险定义为："由于某个主权国家的特定事件引起的跨国企业在国际贷款中遭受的损失，就是国家风险。"[1]

国内学者张金杰将国家风险定义为："在对外投资、贷款和贸易活动中，外国资产在东道国所面临的危险程度，是源于因国别政治或经济形势变化而导致的外国暴露价值的变化。"[2] 对于国际投资方面的东道国风险，他进行了以下归类分析：

（1）征用，东道国政府对于外资企业的财产进行无偿使用或以明显低于市场价格进行使用。

（2）限制，当地政府对企业经营作出暂时的管制，限制外资企业的合法资本和收入汇出东道国的比例。

（3）干预，东道国政府对于外资企业的生产活动进行干涉和指导，包括随意提高税率、限制外国投资进入特定领域的做法。

（4）强制出售，强制外资以低于市场价格向东道国政府出售资产。

（5）重议契约，东道国政府强行修改或变更合作协议。

（6）政治损失，东道国政治局面发生大的变化。

（7）发生战争。

（8）东道国发生动乱或政变等。

（二）对外直接投资风险不同内涵的划分

国内外研究者将国家风险主要划分为政治风险和经济风险。研究大多数集中在政治风险，对于经济风险的研究相对较少。国外研究学者对政治风险定义中有代表性的包括以下几种：

（1）"国际经营中的政治风险存在于因政治变化所引起的难以预料的不连续

---

[1] Nagy, "Quantifying country risk: A system developed by economists at the Bank of Montreal", Columbia Journal of World Business, Vol. 13, 1978, pp. 135-147.

[2] 张金杰. 国家风险的形成、评估及中国对策[J]. 世界经济与政治, 2008（03）：58-64.

性，对企业经营产生负面影响。"[1]

（2）"政治风险是一国的政治决策或事件影响商业环境导致投资受到损失的可能性。"[2]

（3）"政治风险是指由于东道国内部或外部的原因，政府所采取的政策或行动给大多数跨国公司的经营带来负面影响。"[3]

（4）经济风险起源于来自需求、成本、竞争和其他市场条件的不确定性。衡量经济风险的指标包括膨胀率、高的预算赤字、账户平衡、经济增长和汇率系统。[4]

二、我国对外直接投资风险的研究分析

随着中国对外直接投资金额的快速增加，投资项目频频遭遇各种风险。国内学者对中国 OFDI 遭遇的风险进行了研究，研究主要集中在东道国的政治风险和发展中国家的各种风险。

与国外学者观点相同，大多数国内学者认为中国企业对外直接投资的主要风险是东道国的政治风险。多数学者对中国企业面对的政治风险进行较为深入的研究。

聂名华认为中国企业在海外面临的政治风险，包括"区别性干预"风险和蚕食式征用风险。前者指西方政府对中国在海外正常的投资项目进行干预影响所造成的风险；后者指东道国要求中国企业在一定年限内将部分股权转让给东道国而造成的损失。其次是民族主义风险。再次是政策和法律变动风险，指中国投资的东道国多是发展中国家，由于法律法规不完善和频繁更迭带来的风险和损失。[5]

张琦对中国对外直接投资遭遇的政治风险进行分类研究。政治风险分为政府

---

[1] Robock. "Political risk: Identification and Assessment", Columbia Journal of World Business, Vol. 4, 1971, pp. 6-20.

[2] Kobrin. "When does political instability result in increased investment risk", Columbia Journal of World Business, 1978, Vol. 13 (3), pp. 113-122.

[3] Simon. "political risk assessment: Past trends and future prospects", Columbia Journal of World Business. 1982, Vol. 17 (3), pp. 62-71.

[4] Ramcharran. "Foreign direct investment and country risk: Further empirical evidence", Global Economic Review. Vol. 28 (3), 1999, pp. 49-59.

[5] 聂名华. 中国企业对外直接投资风险分析 [J]. 经济管理，2009 (08)：52-56.

干预，西方政府以国家安全干预中国正常投资；民族主义风险，民族情绪高涨带来的罢工等风险；政策变动风险，由于发展中国家不连续的政策变动造成中国企业海外投资的损失等。[①]

由于中国企业对外直接投资区位主要集中于发展中国家，国内学者对东道国风险的研究也集中于中国在亚洲、非洲、拉丁美洲等各国投资遭遇的各种风险。中国在亚洲的投资集中在东盟、东北亚地区，学者的相关研究也集中在这些地区。

国内学者对中国企业在非洲投资遭遇的风险进行了较多研究，普遍认为非洲的主要风险是政治风险。赛格、门明对中国企业在非洲直接投资所面对的政治风险进行分析，认为中国企业面对的风险主要表现在三个方面：[②]

第一，蚕食式征用的风险。一些非洲国家的海关和职能部门经常对中国企业进行频繁检查，对其进行不公平对待和敲诈勒索，导致中国企业遭受巨大的财产损失。

第二，战争内乱等暴力风险在非洲依然存在。

第三，东道国违约风险。由于非洲多数国家政治不稳定，新政府上台后就会颁布与前政府大相径庭的新政策，甚至拒绝承认前政府协议的有效性，要求与中国企业重新签订协议，使中国企业蒙受违约风险。

卫志民也认为非洲的最大风险是政治风险。北非至今在战争和暴乱之中，政权更迭频繁，多个国家缺乏安定的局面。[③]

国内学者对中国企业在拉丁美洲的风险进行研究，结果表明拉美地区的政治风险和经济风险均较大。吴彤、陈瑛对占中国对拉美投资额90%以上的9个拉美国家的政治风险和经济风险进行分析。[④]

从政治风险方面来看，巴拿马政局稳定，巴西政局也较为稳定，委内瑞拉和厄瓜多尔国内反对党和军人政权威胁执政党，国内政治风险很大。

从经济风险上来看，巴拿马经济金融环境良好，经济平稳较快发展，委内瑞拉经济形势较为乐观，GDP平稳较快发展。而墨西哥和阿根廷两国经济风险非常

---

① 张琦. 中国企业对外直接投资风险识别与防范 [J]. 国际经济合作, 2010 (04)：53-56.
② 赛格, 门明. 中国企业对非洲投资的政治风险及应对 [J]. 西亚非洲, 2010 (03)：60-65.
③ 卫志民. 中国企业对非洲直接投资的现状与风险化解 [J]. 现代经济探讨, 2014 (10)：57-61.
④ 吴彤, 陈瑛. 中国对拉美主要国家直接投资的风险分析 [J]. 国际经济合作, 2015 (10)：59-64.

大，墨西哥经济严重依赖美国经济，国内经济非常不稳定；阿根廷近年来金融市场动荡、资本外逃严重，经济风险非常大。

三、对外直接投资风险的评估与防控

（一）对外直接投资风险评估的相关研究

国外学者将直接投资风险评估按照研究方法分为以下三种：

第一种是定性的评估，由投资银行的专家对东道国风险进行主观评估。

第二种是定性和定量相结合的评估，量化指标也参与风险评估。

第三种是量化评估，利用量化模型对直接投资风险进行量化评估。

最初对政治风险的评估，采用的是定性的主观评价方式。跨国公司更倾向于使用内部信息和来自媒体的信息。随着研究工具的多样化和研究方法的量化，国外学者开始尝试定性和定量结合的方式来评估东道国风险。有学者创建了外商投资风险矩阵来评估直接投资风险。该矩阵是一个包含政治风险和经济风险的二维矩阵。将政治风险分成四个类别，从A到D：A是风险较小，B是风险中等，C是风险较大，D是极度风险。经济风险分为四个类别，第一类是可接受的风险，第二类是适度的风险，第三类是较大风险，第四类是不可接受的风险。通过四个不同象限的风险组合来表示投资的风险程度。测度政治风险的主要指标包括政府的稳定性、政府变化的方式和频率、公众对于政府领导人和机构的态度。衡量经济风险的指标包括：该国的地理特征、基础设施、经济收入、人均GDP、经济增长潜力。[1]

随着量化评估工具在经济领域的广泛应用，国外学者将量化工具运用到直接投资风险评估中去，使风险评估更加精确，设定了一个模型用来量化评估政治风险对FDI的影响。将政治风险分为两种：一种是已经明确发生的政治事件，会给FDI带来非常直接的损失。另一种是正在进行的政治改变，这种政治改变是持续的过程，包括宏观经济管理、货币政策、法律、政治等方面的变革，这些给FDI的运营环境带来显著影响。

随着中国OFDI步伐的加快和投资范围的扩大，国内的研究人员对中国OFDI

---

[1] Bhalla. "How corporations should weigh up country risk", Euromoney, Vol. 4, 1983, pp. 66–72.

遭遇的风险也尝试进行量化研究。一些学者将欧美的量化分析模型进行介绍，一些学者利用量化模型对中国直接投资风险进行评估。

国内学者介绍欧美量化评估模型主要有以下几种：

在国家风险评估方法中，张金杰重点探讨了国家风险指南的风险评估体系，该体系将国家风险划分为政治风险、经济风险以及金融风险。三个方面分别具备各自的可量化指标，政治风险总计包含 12 个衡量标准，最高分为 100 分。经济风险和金融风险分别有五个指标，每个指标的最高分数都是 50 分。

将三类风险乘以所占权重后加总，其得分能够较客观地反映该国的国家风险，分值越高，则风险越低。[①]

相关研究专家重点介绍了美国政治风险服务集团的风险评估系统。国别分析主要集中在对发展中国家的研究，如非洲、拉美；另外是对苏联和东欧等转型经济体的研究。绝大多数研究是将发展中国家作为东道国。[②]

一些国内学者利用量化工具对中国投资的东道国风险进行量化评估。

有学者对中国直接投资遭遇的政治风险进行量化分析，选取了 2009—2011 年共 146 个国家的相关数据进行测算，将量化结果分为九个等级。中国对外投资风险高发区域集中在非洲和中东地区，并对西亚、北非四国近三年来的风险进行检验，认为检验结果与事实相符，能真实反映东道国的风险状况。[③]

也有学者尝试对一国的经济风险进行量化研究，并认为评价一国的经济风险应该从该国的经济状况、本国国内的债务等方面考量。指标体系由四部分构成：GDP 增速指标、经济周期指标、国内债务额指标和国家信用指标。指标对应的分数越高，经济风险就越小。[④]

（二）我国对外直接投资风险防控的相关研究

针对中国对外直接投资风险的防控，近年来国内学者也进行了研究，多数研

---

① 张金杰. 国家风险的形成、评估及中国对策 [J]. 世界经济与政治，2008（03）：58-64+5.
② 王海军，姜磊，伍文辉. 国家风险与对外直接投资研究综述与展望 [J]. 首都经济贸易大学学报，2011，13（05）：83-89.
③ 孟凡臣，蒋帆. 中国对外直接投资政治风险量化评价研究 [J]. 国际商务研究，2014，35（05）：87-96.
④ 孙亚静. 构建我国宏观金融安全监测指标体系的思考 [J]. 当代经济研究，2006（07）：70-72.

究集中在政府宏观层面的风险防控。

张友棠、闵剑、肖辉提出政府视角的风险防控体系，包括以下几部分：政策法律保障体系、海外投资保护体系、海外投资管理监督体系、海外投资信息服务体系和海外投资金融支撑体系。①

谢春芳提出政府应当从外交、法律、金融、信息和人才技术多个层面对企业进行支持，加快建立对外直接投资风险防控体系。②

多位学者提出利用双边投资协定来降低企业直接投资中的风险。

沈继伟提出加强与东道国签订BIT和特许协议，对资金汇出、股权构成争议等问题加强议定来防范风险。③

许奇挺认为中国应当与更多的国家签订双边投资保护协定，特别是投资规模大但尚未签订BIT的东道国，应该加快签订协议。④

国内学者也从企业的角度对风险防控提出建议：

许晖等从企业视角，分析了华为在国际化经营过程中采取的风险防范措施。企业首先选择进入市场容量大但竞争弱的非洲、南美市场，以及与中国有传统友谊的国家来降低政治风险。雇佣东道国员工完成项目、请当地保安提供保护来规避风险，聘请东道国优秀员工进入华为当地公司的管理层。在面对东道国的政策限制时，华为公司通过政府公关或利用贸易规则申诉来尽可能降低风险。利用上述手段，华为很好地防范和化解了国际化经营中的风险。⑤

许晖、邹慧敏从企业层面分析了跨国经营的风险防范，从人力资源方面，提高母国员工对东道国文化的适应性，组织文化交际的培训。在提升外派员工的薪资待遇的同时加强绩效考核，规避外派公司的道德风险，使外派公司高管的行为得到约束，从而降低投资风险。在防范东道国政策风险方面，要求企业规范经营

---

① 张友棠，闵剑，肖辉. 企业跨国投资风险监控研究 [J]. 财会通讯，2011（01）：46-48.
② 谢春芳. 后危机时代我国对外直接投资的风险与防范 [J]. 贵州社会科学，2011（05）：44-49.
③ 沈继伟. 企业对外直接投资风险控制研究 [J]. 经济与管理，2003（12）：40-41.
④ 许奇挺. 关于建立我国企业境外投资保护制度的思考 [J]. 国际贸易问题，2005（07）：107-112.
⑤ 许晖，万益迁，裴德贵. 高新技术企业国际化风险感知与防范研究——以华为公司为例 [J]. 管理世界，2008（04）：140-149.

行为，严格按照东道国的法律程序开展经营活动。[1]

相关学者从投资结构上对防范风险进行研究，提出了丰富投资结构，吸引东道国资本、第三国资本共同投资设厂，分散风险。同时，吸收适当比例的东道国劳动力进入公司，既可解决跨文化风险的问题，又可避免因社会责任问题引发东道国的风险。[2]

也有研究专家提出加强与东道国企业股权联合，通过这种手段来降低东道国政策变动带来的风险。利用海外投资保险也是企业加强风险防控的重要手段。[3]

第三节　我国对外直接投资体系完善的对策

我国对外贸易一直采用数量扩张型的粗放发展方式，导致外贸条件呈现恶化趋势。随着世界各国经济环境的变化以及国际分工格局的调整，传统国际贸易增长模式已难以适应全球经贸形势的需要。在此情形下，寻求对外贸易内部的增长节点变得越来越具有挑战性。因此，必须大力推动国内企业"走出去，引进来"。目前，我国对外直接投资规模虽然不断扩大，但是与发达国家相比仍然存在着很大差距，这不仅表现为投资规模小，还体现在国际竞争力弱。鼓励企业积极拓展海外市场，积极参与国际直接投资，这不仅对我国经济具有重要的战略意义，同时也将成为我国对外贸易的新的增长引擎。

因此，我国政府应当重新审视自身的角色定位，充分尊重企业在投资决策中的主导地位，减少对企业经营活动的过度干预。此外，还应完善国内法律体系，规范对外直接投资领域的立法行为，并建立起与之相应的监管机构，以保证企业对外投资的有序开展。政府应当将重点放在制定一系列有效的对外投资促进政策上，而非仅仅局限于审批环节上对企业进行管制；我们致力于为企业的海外投资提供全方位的服务和保障，以确保投资的安全性和便利性得到充分保障。

---

[1] 许晖，邹慧敏. 基于股权结构的跨国经营中关键风险识别、测度与治理机制研究 [J]. 管理学报，2009（05）：684-691.
[2] 岳思蕤. 国际投资的政治风险处理策略 [J]. 科技创业月刊，2005（12）：24-25.
[3] 成金华，童生. 中国石油企业跨国经营的政治风险分析 [J]. 中国软科学，2006（04）：24-32.

一、发达国家对外直接投资的促进政策

为鼓励本国企业的对外直接投资行为,许多发达国家出台了很多促进性政策措施,这些做法值得我们借鉴。发达国家对外投资鼓励政策主要分为优惠的税收政策,金融支持政策以及信息、技术援助政策三大类。

(一)税收优惠政策

税收问题是投资者最关心的问题之一,也是资本输出国采取鼓励措施的首选政策。从实际来看,其优惠重点在于避免国际双重征税,即投资国和东道国政府各自依据自己的税收管辖权(投资国依据居民管辖权,东道国依据地域管辖权),按同一税种对同一投资者的同一征税对象在同一征税期限内同时征税。其结果是加剧投资者的税收负担,因而非常不利于推进对外投资发展。

一些发达国家通常采用以下几种方法来解决双重征税问题:

1. 税收抵免

税收抵免,即对外投资者在东道国缴纳所得税后,在本国缴纳时,可将国外已缴纳税额扣除;若投资者并未被东道国征税,则投资国要依据本国税法补征。目前大多数发达国家主要通过与东道国签订协议的方法来实行税收抵免。

2. 税收饶让

税收饶让,即投资国不仅对于已向东道国实际缴纳的税额予以抵免,而且对与本国对外投资者在海外的所得因东道国给予的税收减免而未纳的税款视同已纳税款给予抵免。目前,日本和德国在与发展中国家缔结双边税收协定时,均采用了税收优惠政策。

3. 延期纳税

海外投资收入在汇回本国前不需要缴纳税款,这就是所谓的延期纳税。这项政策实质上为海外企业提供了一种无需支付利息的贷款形式,从而在一段时间内缓解了企业的负担。虽然延期纳税可以推迟国际双重征税的发生时间,但它并不能从本质上减轻或免除国际双重征税的影响。目前,一些国家如美国和加拿大,在实行税收抵免的同时也采用了这种方式。

4. 免税政策

外国投资者所得的收入在投资国不需要缴纳税款，也就是说，该收入可以免税。一些发达国家在推行免税政策时，常常会附加一些条件，比如法国规定，海外投资者必须将其在东道国缴纳的所有所得税汇回法国，并在股东之间分配股息，才能享受免税待遇。

（二）金融支持政策

1. 资金援助

在资金援助方面，这些国家一般是通过设立特别金融机构，以出资或贷款方式支持本国企业的对外直接投资，或是建立特别金融制度以资助本国的对外投资。

2. 贷款担保

现阶段，大部分的发达国家专门成立了特别金融机构，该机构主要是为那些对外投资企业做投资担保。这样做，外部投资企业就更有可能获得资金支持。比如说，德国的开发公司、加拿大的出口开发公司，这些公司都是为了本国企业对外投资做担保的。

（三）信息技术援助政策

1. 信息服务援助

一些先进国家的政府利用其国家行政机构、海外银行或使领馆设立的经济信息中心，搜集、整理与东道国相关的信息，并向本国的海外投资者提供这些信息，以便他们在投资决策时作出明智的选择。这些机构还利用其庞大的数据库和网络优势，及时地为外国投资者提供各种咨询服务。

2. 技术援助

目前，很多发达国家都设有专门的开发援助委员会，为海外投资企业提供技术和人才培训方面的支持和帮助。例如，美国的技术援助机构国际经营者服务队，由美国企业团体设立并受国际开发署援助；加拿大的海外经营者服务机构；日本的世界经营协会等。这些机构的主要工作内容包括：为企业对外投资项目提供可行性分析支持；为中小企业的海外投资筹措资金、准备法律文件和培训东道国工人等。

二、一些发达国家的实践措施

下面简要介绍美国、日本、法国和德国四个国家在鼓励本国企业对外直接投资时的一些具体措施（表3-3-1和表3-3-2）。[①][②]

表3-3-1　各国对外直接投资促进措施（1）

项目	美国	日本
税收优惠	1. 所得税优惠：税收减免和抵免税收延迟，税赋亏损退回，税赋亏损结算 2. 关税优惠（附加法征税制）：美国产品运往国外加工或装配，重新进口时可以减免关税	日本在1957年的《特别征税措施法》中，对向发展中国家投资的企业作出了税收优惠规定： 1. 对向发展中国家转让工业产权和版权所获的外汇收入实行免税 2. 对注册资本在10亿日元以下的向发展中国家投资的中、小企业给予税收优惠 3. 特别储备金制度
金融支持	美国政府为对外投资提供资金援助的部门有两个： 1. 美国进出口银行，按企业投资额的45%提供贷款 2. 海外私人投资公司，为对外投资企业提供贷款担保，最高担保额为5000万美元	日本的对外投资鼓励措施包括： 1. 通过设立"外汇贷款制度"指定日本金融机构为对外投资项目提供低息优惠贷款 2. 直接向日本企业海外子公司直接出资或融资，以解决企业海外投资资金缺乏问题
信息提供与服务	美国通过国家情报机构、国际情报机构、驻外使馆经济与商业情报中心、联合国开发计划署和美国对外私人投资公司等五个部门为对外投资企业提供各种咨询和信息服务，以帮助其开辟海外市场	日本关于商业情报提供和促进投资活动的机构是亚洲经济研究所经济调查部、日本输出入银行对外投资研究所。他们主要进行与贸易有关的调查研究，并受政府和企业委托推介本国产业及产品
对外直接投资保险	以政府公司作为保险人。美国根据1969年的《对外援助法》设立了"对外私人投资公司"，承担美国私人对外投资保险业务	由通产省贸易局承办投资保险业务。该局在财政上具有独立性，宗旨是担保国际贸易和其他对外交易中普通保险者所不能承保的风险

---

① 李辉. 发展中国家对外直接投资决定因素研究[M]. 北京：中国人民大学出版社，2008.
② 杨大楷. 中国企业对外直接投资研究[M]. 上海：立信会计出版社，2006.

表 3-3-2 各国对外直接投资促进措施（2）

项目	法国	德国
税收优惠	1. 海外投资企业每年可在应税收入中免税提取准备金 2. 如果存在双重征税情况，可扣除所欠税款及其海外子公司已向东道国政府缴纳的税款 3. 海外子公司所得税减免	德国为鼓励企业向发展中国家投资所提供的税收优惠措施包括： 1. 海外投资企业免征资产税 2. 缓交增值税 3. 在亏损的扣除上给予特别优惠 4. 对股息免于征税 5. 特别储备金制度
金融支持	1. 建立国外工业发展基金 2. 由扩张联合公司提供长期贷款 3. 通过专门金融机构共同投资	通过德国复兴信贷银行，为中小企业海外投资提供贷款
信息提供与服务	为海外投资企业提供信息服务的机构包括： 1. 驻外使领馆和大区外贸局 2. 法国外贸中心和展览局 3. 法国工商会联盟 4. 工业促进发展协会	通过几个驻外机构为海外投资企业提供以下服务： 1. 投资前调查资助费用由国家承担 2. 德国开发援助委员会为给本国对外投资企业培训技术人员，可以接受从发展中国家派来的受训人员并承担各种相关费用
对外直接投资保险	海外投资担保项目包括政治险和非商业险担保，法国政府提供的商业贷款担保，对中小企业海外投资的专项保险	德国的对外投资保证业务由"德国信托与监察公司"和"黑姆斯信用保险公司"经营，它们主要为信贷机构境外投资提供担保

以上几个国家虽然在鼓励本国企业对外投资的具体做法上有一些差异，但也存在很多共同点。

（1）政府的财政和金融支持政策一般是通过财政拨款和专门金融机构（如政策性银行、专门基金等）融资两种渠道来体现的。

（2）税收优惠政策的做法主要有对外投资亏损准备和避免双重征税两种方式。而企业提取对外投资亏损准备金则是明确的鼓励措施，企业可以将当年的对外投资的一定比例预提，从应纳税额中扣除，以减轻税收负担。

（3）政府的海外投资担保机构一般只对政治风险和非商业风险提供担保，而不涉及商业风险担保。

（4）政府同其他国家所签订的双边或多边协定是保证企业对外直接投资安全性的重要保障措施。

三、对外直接投资政策与对外贸易的协调

改革开放以来，我国在国际经贸政策的制定方面更多考虑的是如何吸引外资和如何扩大对外贸易，而对企业的对外直接投资政策则缺乏体制和制度上的安排。比如，由于对外贸易和对外直接投资政策分别由不同的、互不联系的机构制定，存在孤立看待对外贸易和对外直接投资政策的问题，同时也使得两种政策之间很难协调，产生互补和相互促进作用。

联合国贸易和发展会议认为，一国制定的对外直接投资政策至少应当具备两个主要特点：第一，整体性，促进对外投资的政策不仅和其他促进本国国际化进程的政策相关联，也和一个国家促进本国产业升级和增长的政策相关；第二，特殊性，即不存在普遍性的对外直接投资政策，一个国家必须根据自己所处的发展阶段，比较优势特征、地理位置、产业结构、政府治理等方面的特征确定自己的政策。[①]

而从西方发达国家的经验来看，一国政府制定的对外直接投资政策有三个目的：首先，营造一个公正的国际竞争环境，以确保企业在全球市场上的竞争力；其次，必须确保国内企业的合法权益得到充分保障；最后，针对某些政策倾向于特定行业，甚至是所有行业，为其提供优惠措施，以鼓励它们积极参与国际投资。

因此，我国政府今后在制定对外直接投资政策时，应当同时考虑对外贸易政策安排，保证两种政策的紧密联系、协调一致和有机结合，使我国对外直接投资能起到对对外贸易的带动和促进作用。

四、为对外直接投资企业提供的金融支持

（一）资金援助

为了最大程度上鼓励我国企业将目光放在国外市场，进行海外投资，推动我国海外贸易的发展，我国政府也应积极借鉴国外贸易大国的先进经验，并在此基

---

① 李辉. 发展中国家对外直接投资决定因素研究 [M]. 北京：中国人民大学出版社，2007.

础上结合我国的实际情况，建立一套完善且行之有效的投资融资制度。与此同时，也要加强政府、银行、金融机构以及保险公司之间的联动，为我国海外投资企业提供更多的便利。

第一，政府可以独立设立一个国家级对外直接投资基金，以支持在设备、技术等方面具有较强优势的轻工、纺织、家电等机械电子和服装制造行业进行对外投资。

第二，对于那些符合境外加工贸易业务条件的企业，国家有权委托相关政策性银行为其在海外建厂提供信贷支持。为了促进我国机器设备和原材料的出口，银行可以采取扩大出口信贷支持范围的措施，通过直接对外投资的方式实现；在出口退税方面，给予适当优惠措施，鼓励国内企业利用国外资金进行国际合作生产。符合贷款条件的企业可以获得银行提供的中长期贷款。中长期贷款的主要用途是在国内采购建厂所需的设备、技术和设备安装等方面提供资金支持，贷款期限为一年以上。同时，鼓励有实力的国内商业银行在适当时机增加对企业的中长期贷款比例。对于那些在信用和经营方面表现出色的企业，我们可以提供优惠利率的服务。

第三，为了充分调动我国企业对外投资的积极性，我国的外汇管理部门应当考虑减轻对一些跨国投资企业的外汇管制限制，允许这些企业利用其海外子公司的盈利进行境外投资，以进一步扩大其盈利规模。

（二）税收优惠

同西方发达国家相比，我国的海外税制还存在许多不合理的地方，多年来，我国为吸引外资一直都实行高优惠的税收政策，然而，本国企业的对外投资却几乎没有任何具有激励性的税收政策。所有国内企业，无论是否在海外开展业务，都要遵守统一的税收政策。在国际双重征税的方面上，我国只实行"分国不分项"的限额抵免方法，这可能造成投资者的部分所得税重复缴纳。这些规定与国际税法规定的税收饶让制和全部抵免制不合，从而加重了中国对外企业的税收负担，削弱了其国际竞争力。

因此，为扩大我国海外投资企业再生产的资金来源，政府应单独制定海外投资的税收政策。首先，实行海外投资企业的税收减免制度，即对海外投资企业实行一定年限的税收减免政策，以充实企业的资本金。其次，为了推动出口，应该取消对通过对外直接投资带动出口的机器设备、零配件和原材料等征收出口税的政策，并实施全国统一的出口退税政策。再者，对于从海外企业返销回国内的资源类产品，特别是运输回国的产品，实行免征进口税的制度。

五、为对外直接投资企业提供服务保障

企业在国际化经营的过程中，不论是选择对外直接投资还是对外贸易，都是为了更好地配置有限的资源，以获得更大的利益。然而，我国企业参与国际竞争的水平相对较低，对国外环境的了解程度不足，缺乏必要的跨国经营经验，因此政府有责任积极为企业提供相应的支持和服务。

（一）信息服务

很多国家的政府都十分重视为本国海外投资企业提供信息的收集、整理和发布工作。他们通过国家行政机关、国内特别机构或驻外使领馆所设的经济情报中心，向本国私人投资者提供东道国经济情况和投资机会的情报，以便他们作出投资抉择。

当前，我国正处于对外直接投资的起步阶段，因此需要通过多种渠道获取相关国家的宏观经济、产业政策、市场动态和政策法规等投资环境信息，以解决我国企业在对外投资方面信息匮乏的难题。为了致力于全面拓展国际市场，积极推进海外经贸网络建设，为企业提供全方位的专业咨询服务。因此，我国政府应主动协调相关部门，积极开展信息搜集工作，并构建完备的海外投资信息服务网络。

第一，政府需要充分利用驻外使领馆和代表机构的窗口作用，积极搜集各种风险信息、行业调研资料和投资机会信息，以便为海外投资企业提供相关支持，帮助他们更全面地了解海外投资环境。此外，还可以成立一个独立的咨询机构，专门提供对外直接投资信息服务，比如建立一个综合数据库，收集各个对外直接投资企业的详细信息，加强企业调查研究，深入了解企业需求，从而更好地为这些企业提供服务，提高政策的有效性。

第二，政府应该积极激发各种进出口商会和行业协会的动力，充分发挥他们在专业性、广泛联系和信息传递方面的优势，建立一个信息咨询与服务中心，为

企业参与国际竞争、提升行业竞争力和开拓国际市场提供支持。

(二)保障体系

1. 通过国际法律保护海外投资

首先,为降低企业的海外经营风险,我国政府一方面应当积极加入有关国际投资公约,并尽可能多地同东道国签署双边和多边投资保护协定[1]。因此,应尽量拓宽协定签署国的范围,为我国企业"走出去"创造良好的条件。

其次,应该充分发挥我国签署的这些双边投资保护协定和已加入的《解决国家与他国国民间投资争议公约》《多边投资担保机构公约》的作用,以最大程度地保护我国在海外的投资利益。目前,在实践中往往只是单方面地利用这项保护措施来维护来华投资者的权益,而我国境外投资者对于主动运用该措施的意愿不足。在未来,我们应该在多边领域,特别是在进行双边谈判和审议双边贸易情况时,将促进中国境外投资的保护纳入议程,并将其作为双边经贸合作的重要协商内容。

2. 建立对外投资保险制度

根据我国境外投资的分布情况来看,有相当一部分集中在亚洲、非洲和拉丁美洲地区,而这些地方的政治局势不稳定,政策变化频繁,法律体制不完善,这给我国对外投资者带来了更多的政治风险。因此,我国政府可以效仿西方发达国家的做法,建立起对外投资保险制度。这个制度旨在促进和支持本国企业在海外投资,通过设立专门的保险机构,向境外投资者提供直接保险,以应对他们在投资国面临的政治风险。如果东道国发生政治风险导致境外投资者的投资与利益受损,那么该机构将进行补偿,并以国家身份代表投资者依法向东道国提出赔偿要求。

就从全球范围来看,大部分的发达国家已经制定并实施了对外投资保险制度。美国是最早制定对外投资保险制度的国家,用于保障美国私人投资者在海外非商业领域的风险,该机构是海外私人投资公司。该机构的主要职责是支持美国政府在外国直接投资方面的政策执行,特别是负责监管美国私人对外投资保险业务。

---

[1] 注:双边和多边投资保护协定是指为了调整国家间私人投资关系,保护外国投资者的合法权益,建立公正的投资环境,由资本输出国和东道国签订的一种促进和保护投资的双边条约。

其他国家随后纷纷采用了美国、日本等工业化国家的经验，建立了对外投资保险制度，这一制度为投资资本的安全和企业的正常经营提供了强有力的保障，同时也有效地推动了本国企业的对外投资和国际化发展。因为保险公司在支付赔偿金后获得了代位追偿权，所以，它可以作为主权国家，根据与东道国签订的双边投资保护协定，向东道国提出索赔，以确保在与东道国的争端中不会因为企业个体的弱势而导致解决方案偏向东道国的利益，而是有利于本国的利益。

我国至今未建立完善的对外投资保险制度，这导致在国外投资的境外投资者面临的风险得不到充分的保护，使得一些在政治风险较高的国家投资的企业遭受了经济损失而无法获得补偿。尽管我国已设立了出口信用保险公司，并开始承担对外投资风险的责任，但由于缺乏专项资金支持，该业务的覆盖范围和促进作用十分有限。随着越来越多的企业在世界各国进行投资，他们将面临着越来越多的非商业风险。为了最大程度地减少企业对外投资的风险，政府有必要建立对外投资保险制度，以促进我国对外直接投资的可持续发展。

我国今后设置的境外投资保险，其险种至少应当包括：外汇险（如日本承保的禁兑险和转移险）、征用险（即为防止东道国采用征用等国有化措施，致使投保者财产受到损失而设置的险种）、战争与内乱险和政治险等。同时，中国公民和法人，包括由中国公民或法人控股的外国公司、企业和其他经济组织，都应该包含在投保人的范围内，同时也包括境外投资。确立明确的规定，包括保险金额、赔偿比例和保险费率等，可以消除我国投资者的后顾之忧。

3. 建立其他风险保障机制

对于我国企业初次涉足国际市场而言，在进行境外投资时，除了政治风险之外，还存在着由于不确定因素而带来的经营风险。为降低海外投资企业的投资风险，政府可建立一些其他风险保障机制。例如，设立境外风险基金和设立海外风险投资公司，旨在为中国企业在海外进行直接投资提供贷款利息减免、信用保证等投资支持。同时，也可参考韩国的模式，制定海外投资的保险和担保制度。

目前，我国只有一家承办出口信用保险业务的政策性保险公司，即中国出口信用保险公司。该保险公司的资助对象主要是大型企业，而缺少对中小型企业的扶持。因此，我国政府应当建立更多的出口信用保险机构。

六、建立健全对外直接投资的法律法规

为支持本国企业的海外投资行为,母国政府就需要通过制定各种法律法规来保障投资者的权益。但到目前为止,我国在对外直接投资方面的立法明显落后,迄今为止尚未制定完整的法律来规范我国的对外直接投资和对外贸易,这严重影响了我国对外直接投资的监管和长期发展。因此,必须加快建立和完善我国对外直接投资的法律法规体系。

在制定法律的过程中,可以参考其他国家和地区的成熟法律制度,特别是那些与我国发展历程相似的国家和地区,同时要充分考虑我国的国情,兼顾经济长期发展和未来在全球经济竞争中的需求。例如,为规范和促进本国企业对外直接投资,日本制定了《进出口交易法》《贸易保险法》《出口信用保险法》等一系列法律法规,涵盖了对外贸易和投资的方方面面。通过建立一套完备的法律法规和政策,对新兴工业化国家及地区具有积极的作用,它们可以极大程度上明确自身的对外投资战略需求,还确保了对外直接投资的规范化和法制化,从而有效保护了投资者的权益。

为了确保我国对外直接投资企业的行为符合规范,保护海外投资的正常竞争秩序,使我国的对外直接投资有明确的法律依据,全国人大应尽快制定《对外投资法》《对外投资促进法》《对外投资监管条例》等法律法规,以保障对外投资企业的正当权益,保证我国对外直接投资事业的规范发展。

七、强化对外直接投资的宏观管理

由于一些大型企业在"走出去"过程中更倾向于根据企业内部的情况来作出投资决策,有时会同政府的对外直接投资总体战略规划之间产生冲突。同时,因为我国对外直接投资实行"分散管理,多元审批"的管理体制,这种分散的管理体制,由于没有统筹全局的管理中心,宏观管理弱化,各部门根据自身利益和职权范围颁布的行政规章和实施的管理行为往往缺乏协调性,甚至相互矛盾,难以形成全面贯彻对外直接投资的全球经营战略和有利于经济发展的整体目标。由于我国境外直接投资的这种多头管理状况,不同部门制定的各种法规文件之间难免存在互相不协调和冲突的情况,这将给投资者在实际运作中带来很多困扰,另外,

还存在一些不合理的规定，即便相关设计部门知道这些规定不合理，但也很难改变当前的现状，这些都影响到对外直接投资企业的正常利益，甚至会带来负面影响。

因此，政府应设立具有权威性的对外直接投资管理机构，对海外投资的整体情况进行宏观协调和统一管理，以避免多头管理，并简化审批手续。该机构的主要工作职能包括：

一是负责制定我国企业对外直接投资的近期和远期总体战略规划，包括战略目标、政府优先鼓励投资（或限制和禁止）的产业、国家或地区目录。

二是在对外投资的区位和产业安排上对企业进行合理引导，实行政策倾斜，鼓励符合国家产业结构调整战略企业的海外投资行为，限制不符合国家战略发展目标的海外投资，以完善我国对外直接投资的产业结构和地区结构。

第四节　低碳经济下我国对外直接投资策略

一、低碳经济热潮所带来的影响

像全球化和信息技术革命一样，低碳经济热潮给人类生产和生活方式带来巨大变革。在低能耗、低污染和低排放的经济要求下，新能源产业、环保产业和清洁能源产业成为各国极力发展的目标，以求在相关领域拥有核心竞争力，并在未来全球经济发展中占据领先地位。低碳发展已经成为全球经济一次革命性的发展新趋势，随之而来的低碳对外投资也将成为未来国际投资的主要领域之一，跨国公司在原有的直接投资模式下也不断增加了以获得低碳技术、工序和产品为目的的对外直接投资。

我国在世界低碳经济热潮的影响下，也开始不断调整和升级产业结构，调整企业内部的资源使用结构和能源使用结构。要实现对外直接投资的低碳创新，首先要实现国内低碳经济的变革。若要低碳产业形成完整的产业链，我国不仅要发展清洁能源产业、节能环保等新兴产业，还要在制造业、交通运输业、物流销售行业以及信息服务业等各个领域制定相应低碳要求和标准，以应对低碳经济对"中国制造"的新挑战。对外投资方面，需要在两个方面进行变革创新：

一方面，我国在低碳背景下的新型产业的兴起，有必要在对外投资方面向能源和环保产业倾斜，以便适应未来发展的趋势而不被东道国新型的企业所挤垮。

另一方面，我国必须对世界低碳经济发展作出贡献，才能进一步提高自身的实力和声誉，这就要求我们必须通过投资支持其他国家的低碳、环保、节能产业的发展。

总之，在低碳经济热潮中，我国必须加紧步伐，在对外投资方面作出改变和调整。我国也有充分的优势和条件，实现对外直接投资的低碳创新。

二、低碳背景下我国对外投资的新思路

在当前全球经济低碳化发展的背景之下，国际投资的低碳化日渐成为对外投资的一大重要趋势。因此，我国必须进行对外直接投资低碳化转型，这不仅是因为我们面临着低碳约束压力，更是因为我们应该转变思维，紧随时代潮流，积极应对发展低碳经济的大好机遇。寻求国外先进低碳技术、弥补 CDM 机制不足以及改变当前国内经济增长方式，这些都是对我国非常重要的事情。在低碳环境下，我们应该重新构建我国对外投资的模式，主要思路是要抓住低碳经济兴起的战略机遇，以低碳技术为核心，同时考虑国家的实际情况，有针对性地选择适宜的产业、进入方式和投资主体。

在低碳经济背景下，我国对外直接投资的主体选择思路应以大型企业为核心，而中小型企业则可以作为辅助力量紧随其后，通过大企业的投资来推动中小企业进行对外直接投资。鉴于许多低碳关键技术仍处于研发阶段，因此投资风险较高，同时需要大量资金用于新技术的研发和推广，这就要求公司具备较强的经济实力和组织能力。大型企业在低碳经济新兴发展阶段的复杂投资背景下，具备了许多中小企业无法替代的优势，因此它们应该成为对外直接投资的先导。

在面对新兴低碳产业快速发展的时代，中国企业可以通过跨国合资或战略联盟的方式，与发达国家和跨国公司合作，共同分担投资成本和风险，并近距离学习发达国家先进的管理方法，以实现利益共享和技术获取的目标。具体而言，我国可以采用以下投资策略：购买发达国家领先的低碳技术企业的股权，获取最新的和内部的技术材料和情报，并与当地合作进行研发，以开发出全新的低碳产品。这一方法的长处在于，它不仅能够直接参与先进低碳技术设备的管理、学习和制

造，同时也能够促进我国低碳节能半成品和制品的进口市场，与世界领先的新能源技术实现对接，从而制造出具有中外结合和先进功能的低碳产品。在此基础上，再利用国外先进低碳技术设备和原材料生产出低碳节能产品，为本国相关部门提供更多的技术支持。这一方法适用于低碳产业中相对成熟的领域，例如国外的洁净煤、风能、光伏产业等领域，为低碳产业提供了一种可持续发展的解决方案。

三、低碳背景下我国对外投资模式转型的分析

（一）潜在收益

1. 有利于发展低碳技术

目前在欧美，低碳经济已经引发了一场新的工业革命，那些最早开发并掌握相关技术的国家将成为该行业的主导者和领先者。因此，很多国家都开始投入大量资金来研究和开发低碳技术。目前，全球已有五十多家金融机构加入了一个旨在改善全球气候变化的投资网络，该网络专注于推动低碳经济和低碳产业的发展，并且投资总额已经达到13万亿元的资金。不同国家在低碳技术研究方面也有了一些重大的突破。比如，西班牙专家梅赛德斯·马罗托—巴莱尔带领着一支英国科研小组，成功研发出了一种能够将二氧化碳转化为天然气的创新技术。这项技术能够采集高污染工业所排放的二氧化碳，并将其贮存在废弃油井、地质层等地质沉积场所。接着，科学家运用一种类似于植物进行光合作用的方法，将二氧化碳转化为沼气。假若这项技术得以全球普及，将能够实现能源的无限循环。

相对于发达国家而言，我国的低碳技术还有很大的提升空间。就当前我国低碳技术而言，其中一些低碳技术仍存在很大的缺陷，这也在无形中限制了我国低碳经济的发展。低碳技术的应用范围广泛，包括交通、冶金、建筑、电力、化工、石化等领域。其中，有三类主要类型，第一类是减碳技术，即用于高能耗、高排放领域的节能减排技术。另一类是零碳技术，包括利用风力、核能、太阳能等可再生能源的技术。第三种方法是利用去碳技术，其中一个典型的例子是进行二氧化碳的捕获和储存（CCS）。我国现阶段对外投资主要集中在两个领域：一是清洁能源项目，包括风能、太阳能、核能、生物质能、地热能、洋流潮汐能等；另一个是其他领域的低碳项目投资。节能减排的实施主要是通过对传统产业进行升级

换代,从而实现节能减排目标,而这种技术在美国、欧洲、日本等国家和地区得到了广泛应用。

就行业范围而言,我国已经在高参数超临界机组技术和电力行业中的煤电ICCC等方面有了初步掌握,然而在低碳经济方面还是存在一定的不足。我国在混合动力汽车、燃油经济性等相关技术方面,要达到专业化水平,短时间内是不太可能的。我国在建筑、化工、冶金等领域的节能和高效技术,在系统控制方面与发达国家的水平相比还有差距。尽管我国在燃料电池技术、生物质能技术等方面取得了一些进展,但与发达国家相比,仍存在着相当大的差距。

如果想要在极短的时间内实现能源节约和减少排放的目标,获取低碳技术显得尤为紧迫。低碳技术的获取渠道多种多样,除了依赖国内自主创新外,还可以通过购买技术、与外国企业进行合资合作,以及从媒体中获取相关技术信息等多种方式。虽然信息通信技术的进步加速了知识和技术的传播,降低了信息搜索的成本,但获取低碳技术仍然面临着许多困难。根据《京都议定书》的规定,发达国家可以向发展中国家提供资金和技术,以支持发展中国家在减少温室气体方面的项目。在这些项目中,发展中国家所减少的温室气体排放量可以转让给发达国家。换句话说,发达国家可以帮助发展中国家减少一吨二氧化碳的排放量,而在自己国内相应地增加一吨二氧化碳的排放。然而,由于担心转让先进技术可能对其国际竞争力产生不利影响,发达国家通常会找各种理由来推迟履行技术转让义务。根据最近几年的碳交易实施情况来看,发达国家与发展中国家之间主要进行碳排放权的交易,然而在技术输出转让方面却极少有所贡献,发达国家在资金支援和技术转让方面的努力远远不足。根据中国目前的实际情况来看,我国一些地区在发展低碳经济、获取低碳技术方面主要依赖于CDM机制。然而,我国的CDM项目类型分布不平衡,涉及领域较为有限。对于农业、林业的碳指标开发以及先进节能减排技术的引进方面相对滞后,尤其是在节能和提高能效方面。这些领域具有巨大的减排潜力并对科技进步有突出贡献,但是CDM项目的申请数量较少,减排规模也较小。其主要问题主要集中在以下两个方面:

首先,尽管有很多CDM项目,但核心低碳技术转让效果并不明显。大部分项目都集中在技术含量较低、难度较小且能够实现较大减排的水电项目上。然而,在技术含量较高、减排难度较大的技改升级领域却几乎没有项目。已经注册的节能和提高能耗项目不到10%，而技术分解、燃料替代等项目更是凤毛麟角，尽管这些项目的减排效果更加明显。尽管我国的碳排放资源交易量大，但并没有有效推动低碳清洁技术的引进，而这些关键技术恰恰是我国目前最迫切需要的。虽然CDM被认为是促进技术转让的机制，但它并没有成为联合国执行机构批准项目的强制标准，缺乏激励机制。发达国家在核心低碳技术上的主动性不足。

其次，我国企业在资金转移方面缺乏对清洁生产的积极投入。目前，CDM项目的产量在5万吨以下的项目占据了54%的比例，而超过10万吨的项目则仅仅占据了21%的比例。从发达国家的经验来看，清洁生产的实施需要政府提供必要的政策支持。相较于其他国家，我国在技术转移和减排潜力的实现方面表现不尽人意，现有的CDM机制难以确保项目的资金收益能够有效地用于进一步的技术开发和低碳技术再生产。

尽管我国尝试了技术购买或CDM机制下的技术转移来获取低碳技术，然而其实现的效果并不如人们所期望。因此，我国迫切需要采取积极主动的措施，以便寻求低碳技术的机遇。此外，通过对外直接投资，还可以改造已有技术，从而推动低碳技术的研发并提高生产效率，进而实现经济的增长。中国在低碳技术方面采取了积极的对外直接投资策略，以获取先进的低碳技术，从而更加有效地利用现有技术，并缩小或消除与低碳技术之间的垂直技术差距，从而获得低碳技术的竞争优势。此外，企业通过对外直接投资可以提升其对未来低碳技术创新的预测能力和战略管理能力，从而增强其应对气候变化风险的能力，推动企业的可持续发展。从减少碳排放的技术角度来看，直接对外投资是一种有效获取低碳技术的途径。

2. 有利于获得创新补偿竞争优势

在我国和东道国看来，对外直接投资具有相同的互惠互利效果。中国的低碳约束措施对于我国的对外直接投资起到了推动作用，通过对外直接投资，我国的跨国企业不仅可以减少部分碳排放，还可以为其他国家提供资金和技术支持，以提高其能源利用效率。这些国家（地区）拥有丰富的资源，但缺乏经济发展所需的技术支持和大量资本，我国通过对这些国家（地区）的直接投资，实现了资源和利润的获取，并为这些国家（地区）提供了它们所缺乏的资金和技术支持。

目前我国在节能低碳技术方面取得了相当可观的成就，就行业领域而言，我国已经初步掌握了电力行业中煤电的高参数超临界机组技术、整体煤气化联合循环技术（IGCC）、热电多联产技术等。我国在新能源和可再生能源方面取得了重大进展，包括燃料电池技术、大型风力发电设备、生物质能技术、氢能技术以及高性价比太阳能光伏电池技术等领域。尽管与欧洲、美国、日本等发达国家和地区相比，我国的节能低碳技术还有一定差距，但相对于欠发达国家而言，我国仍然在节能低碳技术方面具有明显的优势。就从低碳节能技术转移的角度来看，我国的跨国公司在管理方面表现出色且拥有先进的科技，而相对来说，欠发达国家的企业整体科技水平相对较差。在科技差距不大的情况下，我国先进的低碳技术可以通过对外直接投资来培训其他国家，展示自身的技术水平，激发竞争，并与其他相关领域形成关联。

尽管对外直接投资可以为东道国提供宝贵的资金和技术，并通过技术溢出效应提升其科技水平，进而推动该国的节能减排工作，然而在全球低碳经济发展的背景下，东道国可能会对外资企业施加碳排放限制，从而限制我国对外直接投资的流入。根据上文的分析，东道国的碳约束是我国对外直接投资的主要制约因素之一。然而，根据"波特假说"，碳约束水平的提高也可能产生另一种情况。这种情况下，被约束的企业会努力提高资源利用率，并进行低碳技术的创新。通过创新补偿，企业可以生产出更清洁的产品，并通过市场的先动优势领先占领市场，从而阻止竞争对手的进入。

如图 3-4-1 所示，通过创新补偿和市场的先动优势，单轨制的低碳约束将使受约束的企业相对于未受约束的企业而言，具备无可匹敌的竞争优势。当前受到约束的企业所面临的需求曲线 d 上升到 d'，而相应的边际收益曲线也从 MR 上升到 MR'，企业的均衡产量也由 Q_E 上移至 Q'_E，而均衡价格则从 P_E 上移至 P'，同时平均成本下降至 AC'。由于平均成本 AC' 小于均衡价格 P'，企业将获得超额利润，这可能会导致对外直接投资的流入增加。基于以上分析，东道国对外资企业实施低碳约束可能会导致企业生产成本上升，从而阻碍对外直接投资的流入。然而，通过先动优势和创新补偿，东道国也可以使企业产生竞争优势，进而增加我国对该国的对外直接投资。[①]

---

① 刘辉煌. 中国对外直接投资及方式创新 [M]. 长沙：湖南师范大学出版社，2013.

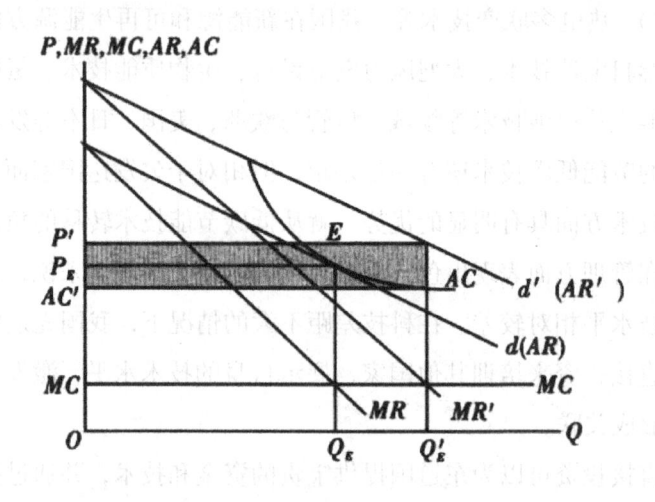

图 3-4-1 创新补偿优势示意图

（二）规避碳排放路径依赖

在低碳环境下，我国开展新型对外投资可能会带来巨大的收益，从而迫使企业改变对外投资的方式。同时，我国经济增长与减少碳排放的目标之间的矛盾也迫使我国对外投资模式迫切需要转变。

目前，我国经济增长与减少排放的目标之间存在着明显的矛盾和压力。能源对经济增长起到至关重要的推动作用，我国经济的强劲增长导致能源需求量也呈现高速增长态势，因此，为了确保经济稳定发展和民生持续改善，我国在短期内难以降低能源消耗。交通运输、金属冶炼、化工制造、建筑等六个高耗能产业的快速发展是造成这种情况的主要原因。在全球经济开放的背景下，中国作为一个重要的贸易大国和主要的外商直接投资流入国，在全球产业链中充当了"世界工厂"的角色，因此能源和资源的消耗呈现迅猛增长的趋势。另外，我国每个人对资源的利用效率非常低，普遍缺乏环保意识，这在无形中表明在未来较长的时间内，我国的碳减排问题将变得越来越困难。

面对这种困境，我们必须特别重视对我国现阶段经济发展中碳排放路径的认识。学术界普遍使用库兹涅茨曲线来研究经济发展和环境污染之间的关系，这也是分析经济增长与碳排放关系的主要手段。

四、低碳背景下我国对外投资转型的路径选择

（一）投资产业的选择

随着低碳经济的快速发展，加强对原有直接投资产业的优化具有十分重要的意义，这可以很好地适应新的经济形势。随着中国工业化和城市化的加速推进，国内能源供需矛盾日益尖锐。同时，随着国际油价上涨和全球气候变暖加剧，世界各国都面临着能源供应危机。为了确保经济的平稳运行，必须优先解决能源问题，这是当务之急。因此，低碳经济背景下以降低能源消耗为目的的对外直接投资就显得尤为重要。为了应对这一问题，我们可以采取两种策略：

第一，国内企业在能源利用方面需要改善，因为其能源消耗量较大。第二，我们可以通过积极寻求外部投资来扩大能源供应，特别是在石油和天然气勘探开发以及相关服务行业方面。石油天然气工程建设作为"走向国际市场"战略的核心，近年来取得了引人注目的成果。然而，在"低碳环境下确保石油安全"的战略目标下，仅仅依靠石油和天然气的勘探是受到限制的。如果勘探和开发作为上游产业链条，不能与石油工程建设服务作为下游密切配合，那么开采获得的原油资源将无法进行炼制和销售，最终可能会对中国的能源安全构成跨国经营的威胁，因为中国石油企业依赖于初级产品的销售。因此，中国亟须培养一批具备国际竞争力和高素质的人才队伍，以掌握能够对石油工程建设技术进行节能减排的技术，从而支持中国石油行业的国际化进程。

1. 基于低碳技术基准

中国的技术水平和创新能力相对于发达国家仍有差距，同时，在引进低碳技术时，也无法获得相应的核心技术。除此之外，自主开发所需的成本和周期也较高，因此低碳发展所需的关键技术获取面临困难。一个行之有效的策略是在技术资源丰富的国际和地区进行直接投资，首先，在拥有明显智力资源和技术水平优势的国家设立海外研发机构，以开发低碳技术和产品。其次，我们可以通过直接收购、与其合资的方式建立起领先于发达国家的低碳技术企业，以发展具备国际先进水平的绿色产业。

根据中国的国情，煤炭在传统能源结构中扮演着至关重要的角色，它在能源生产中占据了极大的份额，同时，中国也主要依赖煤炭作为主要能源消耗来源。

煤炭能源相比于石油和天然气等优质能源，存在着严重的污染问题和低利用率等劣势，这直接导致了中国整体能源效率和环境效益的不佳情况。在这种情况下，中国对外直接投资项目应该优先考虑低碳技术领域，以改善中国的能源结构为主要目标。在制定对外投资企业获取清洁技术目标时，应该根据国家的实际情况，积极探索适应国情的关键性低碳技术，例如CCS和洁净煤的开发与应用。

所谓的碳捕集和储存（CCS）是一种技术，它可以将包括工业源在内的与能源相关来源中的二氧化碳分离出来，并将其输送到一个地方进行长期封存，以实现与大气的隔离。CCS技术的主要应用领域是在减少二氧化碳排放方面，特别是在处理大型污染源、生物质能源设施以及大规模化石燃料等方面发挥重要作用。这项技术是减缓大气中温室气体浓度的行动计划中的一个方案，不仅可以降低整体的减缓成本，还能增加实现温室气体减排的灵活性潜力。在应用领域中，CCS技术可以用作燃烧后处理和燃烧前处理技术，而且这两种技术都可以用于减少电厂产生的二氧化碳排放量。CCS技术已在全球范围内引起了科学界和企业界的广泛研究和发展，成为一项备受关注的高新技术。根据相关资料，目前有近一百多个关于碳捕获和封存的项目正在运行或即将运行。举例来说，APE公司在2008年将该技术应用于西弗吉尼亚州Mountaineer电厂项目，该项目的装机容量为三万千瓦。通过该技术，该电厂成功捕获了大量的二氧化碳，并将其封存于深部盐水层中。加州大学的化学家已经研究出一种材料，它的骨架结构是佛石咪唑酯，能够成功地分离和捕获二氧化碳。这种材料的出现使得电厂不再需要使用有毒材料，同时也能够有效地捕获温室气体并将其储存于地质中。中国曾在国内进行过碳捕集和封存的试验研究，其中包括中石油集团在吉林油田等地进行的二氧化碳驱油试验，重点是研究二氧化碳封存技术。神华集团计划在鄂尔多斯地区展开一项示范项目，旨在实现每年高达10万吨的二氧化碳盐水层封存。重庆合川的双槐电厂还引入了碳捕集技术。尽管如此，在中国的CCS应用中仍然面临许多问题，比如投资过于庞大，仅仅在双槐电厂，碳捕集设备的投资就达到了惊人的1235万元。在目前情况下，中国的电厂对于CCS项目的投入非常有限，即使有一些实施，也面临着效果不佳、收益微薄的问题。然而，因为技术和经济方面的限制，中国的能源结构如果想在短时间内获得突破，将显得十分困难。现阶段仍然以煤炭为主的能源结构在中国依然占据主导地位，煤炭的消耗量仍然占据了中国总能源消耗的相当大的比例。所以，中国必须加强与国际多方的合作，以引进、模仿并改进 CCS 技术，加大在能源减排技术研发方面的力度，从而在发展过程中减轻煤炭对环境的不良影响。

此外，通过推进洁净煤技术的发展，中国可以提高煤电转化效率，这将成为未来能源技术的又一个重要突破点。根据世界能源委员会的研究报告，在未来几十年里，合成气体、液体和氢等能源将成为现今主要煤炭消费国的重要供应来源，这些能源将通过从煤炭中提取得到。目前，世界各国、大型企业以及研究机构等都在积极筹备并进行相关技术的研发科研工作。美国作为一个技术研发非常先进的国家，早在 2003 年就提出了一个名为未来电厂计划的项目，该项目由政府部门、私人机构和国际组织共同主导，总投资额达到 10 亿美元，旨在开发洁净煤技术。该计划的目标是在 5 年内完成设计和建造一座零排放的煤基发电厂，并在 10 年内使其开始运营。到目前为止，科研投入已经成功研发出了可行的技术，制造出了可以实现零污染排放的未来煤炭发电厂模型，并且在商业市场上得到了广泛认可。发达国家高效能、低污染的发展模式背后的秘密之一就是极高的煤电转换效率，据预测，到 2030 年全球有望超过 70% 的发电厂采用洁净煤技术。预计在未来，一个国家的发展将受到煤电转换效率的巨大影响。中国目前的电力使用煤炭的比例大约占到了我国煤炭总消费量的 50% 左右，这个比例远远低于发达国家的水平。与此同时，煤电转化效率低，导致碳排放强度较高等问题也随之而来。尽管中国的煤电转换效率一直在提高，但总体来说仍然落后于世界水平。因此，加快与发达国家相关企业合作，成立实验室，通过联合研发来获得关键技术，并加大洁净煤技术的科研力度，已成为我国亟待解决的问题。

2. 基于市场基准

就当前世界低碳经济发展的具体情况来看，新能源是其重要组成部分。截至目前而言，我国新能源行业虽然得到了较快的发展，但是其中依然存在较大的问题，如我国新能源行业的产品生产的主要原料、关键技术以及生产设备等，都严重依赖于国外市场，与此同时我国新能源行业的销售也十分依赖国外市场，而这些问题在我国光伏产业中体现的尤为明显。

第一，我国光伏产业的主要生产材料为多晶硅，而这些原材料主要依靠国外进口。之所以依赖国外市场，最主要的原因是我国生产多晶硅的企业规模比较小，生产技术也比较落后，其生产出的产品质量难以保证。此外，虽然我国的新能源产品——硅锭/硅片的生产技术比较成熟，但是与国外发达国家相比，还有很大的差距，这主要是受限于多晶体硅原料，这也在无形中限制了我国硅锭/硅片的发展。

第二，中国太阳能光伏发电产业的发展程度较低，导致新能源投资中技术和设备在整个产业链中所占比重较小，从而使新能源的附加值较低。相反，国外对于太阳能光伏发电系统的运用非常娴熟，其能源增值效果显著，利用效率极高。

中国的风电发展同样面临着技术水平与国外存在巨大差距，核心技术被国外垄断的问题也同样存在。风电机组的制造是风电发展的核心所在。目前我国机电制造技术与世界先进水平相比存在较大差距，尚未实现对风电成套设备的自主研发。中国虽然拥有雄厚的机电制造业基础，但却未能充分利用，导致发展严重滞后，这是因为没有积极吸收国外先进技术。随着全球风能技术的不断进步，风力发电机的单机容量也在不断增大，这已成为一种全球趋势。依据资料，海外风力发电设备已经达到兆瓦级别，比如丹麦的主要风力发电设备容量在2.0至3.0兆瓦之间。中国在这一技术上的水平相对较低，至今尚未具备自主研发和生产大型风电机组的能力，在机组整体设计技术方面，尤其是桨叶、控制系统和总装等关键技术方面，与欧美发达国家相比存在明显的差距。

中国新能源行业要保持健康持续发展，首要任务是构建一个独立完整的产业链，同时加大对外技术寻求型直接投资。在实际操作中，我们需要大量投入技术开发，以便从上游产业获取稳定的原材料供应，并在海外市场寻找适合的供应商。在下游产业中建立销售品牌，建立销售渠道，并进行废旧产品回收等活动是非常重要的。发展新能源领域的对外直接投资应当遵循"微笑曲线"的原则，即在两个极端延伸。一方面，可以增加对上游研发的投资，加强技术创新和发展；另一方面，可以加大对海外原材料的投资，确保资源的稳定供应。同时，还应该注重建立良好的海外服务品牌形象，提升企业的无形资产价值。

（二）投资方式的选择

1.传统对外投资的方式选择

根据传统对外直接投资理论的观点，海外市场的扩张主要是通过在国外投资建厂、与本地企业合作、收购等方式实现的。在企业决定进行对外直接投资时，需要综合考虑所处行业特征、企业自身条件以及投资动机等因素，以便选择适当的投资方式。另外，还需要考虑到东道国的法律环境、文化基础以及交易成本。在我国选择对外投资方式时，我们必须同时关注传统行业的改革和新兴低碳产业的发展，因为这是中国实现低碳经济转型的重要因素。

在中国传统行业向低碳经济转型的背景下，投资者应重点考虑通过跨国并购的方式进行对外直接投资。国内企业通过收购发达国家的高新技术企业，在当地成立跨国公司的研发机构，并与本地高科技企业合资成立公司。因为合资公司聘用了一些当地的工程技术人员、管理人员和科研人员，并且购买了当地的先进机器设备，所以能够更容易地获得国外低碳技术集聚所带来的积极外部效应，也就是外溢效应。与此同时，跨国企业可以通过直接、准确、及时地传递低碳技术信息给国内研发机构和公司总部，为国内技术劣势企业提供跟踪世界前沿低碳技术动态、调整技术研发方向、加快国内企业技术研发步伐的重要帮助。

低碳经济的进步取决于具备独立研发技术的自主知识产权。因为中国缺乏相关的低碳专利技术，所以中国企业未来长时间内对外直接投资的主要动因将是获取国外先进技术。发达国家在低碳技术方面占据领先地位，他们对大部分核心技术的掌握牢不可破，中国很难通过贸易手段获取这些技术。通过进行跨国并购，可以迅速解决这一难题，国内企业可以通过直接购买的方式获得发达国家如欧美日的企业。如此一来，国内企业也能够直接获取相关的先进技术和生产设备，同时还能够减少市场竞争，迅速占领市场份额。如果按照这样的方式，将会为我国企业获得相关先进技术及生产设备提供有力的支撑，与此同时也可以在无形中提升我国企业在市场上的竞争力，并帮助其快速占领市场。

2. 低碳对外投资的方式选择

在新兴低碳产业迅猛发展的时代，中国企业可以选择与发达国家的跨国公司进行合资，或者选择建立战略联盟的方式进入国际市场。一方面，共同分担投资成本和风险，另一方面，加强学习发达国家先进的管理方法，以实现利益共享和技术获取。在实践中，我们可以采取一种投资方式，即购买发达国家先进的低碳技术企业的股份，以获取最新的内部技术资料和情报，并与当地合作进行研发，从而开发出全新的低碳产品。这种方式的好处在于，它不仅可以直接参与管理、学习和制造先进的低碳技术设备，还可以推动我国低碳节能半成品制品的进口市场发展，并与世界领先的新能源技术进行对接，生产出结合了国内外先进功能的低碳产品。这样的方法适用于在低碳产业中相对成熟的领域，比如国外的清洁煤、风能和太阳能产业等。

战略联盟的方式也是可行的途径，同时还有其他方法可供选择。战略合作是指一些跨国公司通过签订协议来建立一种商业合作模式，该模式有助于缩短技术周期和产业化周期，同时也有助于分担高昂的研发费用和防范巨大的风险。我国可以与发达国家建立战略联盟，投资或注册研发机构，以降低获取技术所需的成本和风险。这种战略联盟主要是通过在前沿技术、核心技术和突破性技术方面来实现合作。根据我国目前的实际情况来看，我们可以利用国内潜力巨大的碳市场作为交换，通过减少一定的市场份额来促成战略联盟的形成。在这种情况下，对于产业化前景不明朗的低碳项目，或者说对于那些理论与应用性强但存在较大风险的低碳项目，这种模式尤其有效。这主要是由于通过战略联盟，我们可以将国内具有一定优势的低碳科研技术和人员转移到研究配套环境更好的海外地区，同时，通过股权分配的方式继续研究和产业化。另外，我们还可以直接雇佣有实力和经验的国外科研工作者，以提高我国低碳领域的科研能力和产品创新能力。这样一来，我们就能够实现直接利用先进低碳技术设备和技术转化平台的可行性，从而提高我国低碳技术在国际上的转化率。比如，我们可以选择与国外已有的 CCS 技术雏形相关的产业化和商业化前景进行战略联盟，从而进行对外投资。

（三）投资主体的选择

在低碳经济的背景下，我国应当以大型企业为核心，辅之以中小型企业，从而推动中小企业进行对外直接投资。通过分析发现，低碳技术创新是促进中小企业对外直接投资的重要因素。鉴于众多低碳关键技术依然处于一个初步发展阶段，这也在无形中决定其投资风险较高，同时也需要投入大量资金用于新技术的研发与推广，而这些直接对公司提出了一定的要求，即需要公司具备较高的经济实力和组织能力。在低碳经济新兴且复杂的投资背景下，大型企业因其独特的优势，成为对外直接投资的引领者，这种优势是中小企业所无法取代的。

第一，大型企业在国际环境评估和把握方面拥有更强的能力，并且他们进行市场研究的程度也更加深入。大公司对一些通行规则和国际惯例的应用更加精通，他们在获取和处理信息方面具备较强的能力，而中小企业则相对不熟悉这些规则和惯例，也不太擅长信息的获取和加工处理。在进行海外投资之前，通常会对目标市场进行详细的分析和预测，对目标国家的政治稳定性、经济结构以及相关法律条文等方面进行充分的调查研究，这有助于把握国际低碳市场的最新趋势。我国许多中小企业通常采用家族式管理模式，缺乏对生产、营销、人力和财务等方面的规范管理。他们对于国家的政治、经济和法律情况不够了解，也没有深入调查研究行业和产品等信息，甚至对自己所在行业的国际标准缺乏了解。他们在面对陌生的海外市场环境时也缺乏市场调查的能力。

第二，大型企业在技术方面具有显著优势，其研发能力相当强大。大型企业在研发方面具备更强的能力和更持久的创新动力，相较之下，中小企业的研发实力相对较弱，创新潜力不足。由于交易困难且难以购买到最先进的技术，新兴的低碳技术存在着挑战，然而大企业可以通过对外直接投资来追踪低碳技术的最新进展，以缩小低碳技术之间的差距。目前，我国许多中小企业由于劳动力成本较低、负担较轻，所以在科技研究和开发方面投入不够，导致中小企业产品的技术含量非常有限。我国大部分中小企业都是依靠半机械化生产的劳动密集型企业，附加值较低，技术含量不高。这些企业的投资项目主要集中在劳动密集型行业，高新技术企业的比例不到10%。此外，技术开发的投入经费仅占全国研究经费的40%，远低于发达国家的70%水平。由此不难发现，大型企业是最佳的对外直接投资主体。

第三，大型公司在融资和风险抵御方面具备更高的能力。目前我国进行对外直接投资的大型企业主要是国有企业，这些企业规模庞大，信誉良好，容易获得贷款和多样化的融资渠道。从事国际业务，需要投入大量资金进行市场研究和开拓，建立销售渠道和组织大规模生产，若没有足够的资金支持，将难以应对低碳经济背景下的各种风险。中小企业的自有资金有限，如果要进行对外直接投资，就必须寻求融资渠道。然而，在国外市场由于规模、信誉等因素的影响，中小型跨国公司面临着困难，即无法通过直接投资当地来获得融资。然而，我国国内的金融机构在服务能力上存在限制，无法扩展到国外，或者出于风险考虑而不愿提供金融支持。目前，我国中小企业发展最严重且普遍的问题是缺乏足够的资金支持，导致它们在市场开拓和业务拓展方面能力不强、规模难以扩大。

另外，中小企业由于规模较小，所以在对外投资中，中小企业所占资源的比例远远超过大型企业，因此面临更大的风险。而且，中小企业对各种风险的抵御能力相对较弱，特别是对非企业本身因素造成的风险，缺乏承受能力。大型企业集团拥有雄厚的资金和较完善的治理结构，可以实现企业内部资源的优化组合和有效配置，从而具备较强的抗风险能力，因此是一个相对理想的投资对象。由于企业规模和资源利用的限制，中小企业的抗风险能力相对较差，然而它们在经营灵活性和成本控制方面表现出色。在中小企业内部，信息传递迅速，上下级之间的沟通快速，能够接触到更多的客户，也能迅速抓住市场机遇，同时也能够灵活地退出市场，对外投资决策更加注重市场因素，并且更加高效。

第四章 中国企业对外直接投资概述

本章的主要内容是中国企业对外直接投资概述，分别从三个方面进行相关论述，依次是中国企业对外直接投资——区位选择、中国企业对外直接投资——产业选择、中国企业对外直接投资——方式选择。

第一节 中国企业对外直接投资——区位选择

一、区位选择的相关理论

（一）经济区位理论

经济区位理论是研究对外直接投资区位选择问题的理论基础。J. H. 杜能（J. H. Thunen）在研究农业用地问题时提出了区位选择问题，创立了农业区位理论，即著名的"杜能环"区位模式。随后，经济学家开始针对不同的工业部门研究区位选择问题。经济区位理论主要比较不同区位选择的进入成本和预期收益，从微观层面考察企业投资区位的最优化选择问题。

1. 古典区位理论

古典区位理论的代表学派可分为最小费用区位理论、最大利润区位理论及两者之间的过渡理论——区位相互依存关系理论。这些理论主要在19世纪20年代至20世纪40年代得以兴起和发展。

最小费用区位理论的代表学者，主要有 J. H. 杜能（J. H. Thunen）和 A. 韦伯（A. Weber）。最小费用区位理论的核心思想，即企业区位选择应以追求最小费用为目标，最佳区位即为最小费用点。其中，影响费用的主要因素包括运输费用、劳动力成本和集聚因子。最小费用区位理论中的费用最小化思想，对于现实经济生活中跨国企业对外直接投资中的区位选择具有很大的参考价值，无论是在全球市场寻找最佳东道国投资还是在东道国内部寻找最佳投资区位，追求低成本都是跨国企业要考虑的重要因素。最小费用区位理论的缺陷在于忽视企业间的相互依存性，仅研究单一企业的区位选择问题，不考虑需求对区位选择的影响，而且，满足最小费用的区位不一定能够带来最大利润。

为了克服最小费用区位理论忽视企业间相互依存关系的缺陷，在最小费用区位理论和最大利润区位理论之间还出现了一个过渡学派，即区位相互依存关系论，这一理论假定生产费用是一定的，市场呈线性分布，而不是像韦伯假定的呈点状分布。在区位相互依存关系理论中，市场上的企业都希望以低于竞争企业的销售价格来占有更大的市场份额，而销售价格与企业克服工厂到消费者市场之间距离所产生的运输费用大小相关，所以，各企业的销售价格会因区位选择不同而不同。总的来说，企业的市场份额会受到消费者行为和其他企业区位决策的影响，区位相互依存关系理论揭示了产品价格、运输费用和市场的关系，考察了企业区位间的相互依存关系。

最大利润区位理论的代表人物是德国经济地理学家克里斯泰勒（Christaller）和德国经济学家廖什（Losch）。最大利润区位理论认为，市场空间形态和功能布局的作用会随着经济的发展变得愈发重要，单纯追求生产成本最小化并不意味着利润最大化，区位应该选择在能够获得最大利润的市场中。克里斯泰勒在经过大量实地调查和研究的基础上提出了中心地理理论，该理论认为城市或者中心居民点会形成一种等级形式，揭示了不同等级市场区域的区位决定问题，有效地说明了城镇为什么存在，什么决定了城镇发展，因此又被称为城市区位理论。德国经济学家廖什总结了之前的区位理论，在克里斯泰勒的理论基础上提出被广泛应用的市场区位理论。廖什将生产区位与市场联系起来，认为追求市场最大化和利润最大化应是企业开展区位选择活动的行为标准和目的，所以，廖什的理论也被称为最大市场学派。

上面三个理论都是以古典区位理论的静态均衡理论为基础的，但随着经济的发展，学者们发现很多经济现象不能用古典区位理论进行解释，于是，20世纪

50年代，有学者开始将新古典经济学中的理论和研究方法应用到区位研究中去，形成了新古典区位理论。

2. 新古典区位理论

新古典区位理论可以分别从微观和宏观两个角度来进行阐述。新古典微观区位理论主要从企业等微观角度出发分析研究区位选择，关注个体最优化选择和选址的一般均衡；而新古典宏观区位理论将微观主体的区位选择拓展到对区域宏观经济结构的研究分析上，两者的理论基础都是新古典经济学和古典区位理论。

新古典微观区位理论的代表人物，主要有拉伯（Labber）、蒂斯（Thisse）和哈克密（Hakemi）等。他们在对古典区位理论批评、继承的基础上，创立了与古典区位理论的线性区位选择不同的企业网络区位选择理论。新古典微观区位理论放宽了古典区位论关于区位的假定条件，古典区位理论假定区位是同质的且生产要素不会随区位的变化而发生改变。新古典微观区位理论则假定区位是不同质的，生产要素会随着区位的改变而改变。这实际上更符合企业区位选择的现实情况，在一定程度上增强了新古典微观区位理论的现实解释力。

新古典宏观区位理论是在全球经济疲软的背景下创建的，代表人物有俄林（Ohlin）等。俄林将区位研究和贸易、区域分工研究相结合，考虑了资本和技术等生产要素不能自由流动且生产要素相对价格存在差异的情况，被称为一般区位论。俄林关于区位选择问题的结论与最小费用区位理论相似，但需要注意的是，因为俄林的研究是世界范围内的选址问题，所以其区位理论中的移动费用不仅包括传统意义上的运输费用，还包括类似关税在内的货物移动过程中产生的各类费用。艾萨德在古典区位理论的基础上，将区位选择问题的研究纳入一般的理论分析框架中去，运用动态的一般均衡方法对区域进行分析，建立了企业综合开发模型。因此，企业在选择区位时，要考察地区的资本、人口等区位总体决策要素的情况，在确定总体区位后，再考察与企业自身相关的市场规模和布局情况。新古典区位理论虽然考虑了区位的异质性，但是其仍然遵循新古典经济理论下的规模报酬不变和完全竞争的假定条件，因而对现实经济活动的解释力仍然不够强。

3. 现代区位理论

在知识经济不断发展的背景下，许多经济学家也意识到需要将现实经济中的不完全竞争和规模经济纳入区位理论中去，但是由于技术限制，很难将这两者模型化。直到20世纪90年代，以克鲁格曼（Krugman）为代表的新经济地理学派将不完全竞争和规模经济内生化后，区位理论才进入现代理论阶段。

克鲁格曼提出的中心—外围模型认为，一个由于较大经济规模而具有微弱优势的地区会通过前、后向关联效应累积优势，发展成为一个自我持续的制造业集聚中心。经济规模越大，运输成本就越低，规模经济现象越明显，就更有利于集聚。中心—外围模型讲述了中心地区和外围地区经济关系转换中起重要作用的集聚效应和扩散效应，是现代新经济地理学中最具备代表性的一般均衡区位模型。

新经济地理学研究对于区位理论的意义在于，其将区位因素纳入主流经济学的框架中，使得区位理论能够在不完全竞争和规模经济的市场结构中继续发展。其将D-S模型和"冰山运输成本"原理应用到区位选择的研究中去，更好地解释了现实经济中的现象。但是，新经济地理学也存在相当大的缺陷，D-S模型同样依赖很多假设性条件来进行解释和说明，尤其是假定每个个体都有着相同偏好，依靠可以自由移动的个体，以相同的方式来对地区之间的差异性作出评价明显是不合理的。

对外直接投资的区位选择，主要是要解决跨国公司在国际市场上的投资分布问题，而区位理论则往往以企业的经济活动在国内的布局为研究对象，且对外直接投资要以企业自身的特点作为理论的出发点。而在区位理论中企业被抽象为同质的，将企业区位的决定完全归因为不同资源在空间分布的差异，因此，区位理论并不能很好地解释企业对外直接投资的行为。但随着对外直接投资在全球范围内的不断发展，区位选择作为投资的首要问题，其地位愈发重要，越来越多的区位因素被引入对外直接投资的区位选择理论中，和其他理论相结合来解释复杂的对外直接投资行为，区位理论的发展为对外直接投资如何进行区位选择提供了重要的理论基础。

（二）国际直接投资理论中的区位选择思想

随着国际直接投资活动日益频繁，国际直接投资的理论研究成果不断涌现。虽然关于对外直接投资的区位选择问题目前尚未形成统一的理论，但在以往的国际直接投资理论中或多或少提及了一些区位选择的思想。

1. 发达国家国际直接投资理论中的区位选择

海默（Hymer）在其创立的垄断优势理论中指出，跨国公司是凭借其特有的技术、品牌等垄断优势开展对外直接投资的，各国在规模、技术等方面的优势决定了其对外直接投资的流向和多寡，决定了该国是对外直接投资国还是投资接受国。虽然海默的这一理论没有正面描述企业如何进行区位选择，但是其理论中以企业自身优势来选择投资目标国的标准包含了区位选择的思想，之后有很多学者对该理论进行补充和完善。

尼克博克（Knickerbocker）在海默的垄断优势理论的基础之上进一步拓展，提出了寡占反应理论，指出跨国公司的对外直接投资主要表现为寡头竞争者们的相互约束和平衡。尼克博克认为，如果有一个寡头企业到国外进行投资建立子企业，那么，其他寡头竞争者也可能会追随其到同样的东道国进行投资，以抵消领先投资者可能得到的竞争优势，即寡头企业将相互追随进入新的国外市场作为一种防御性投资战略。这种战略性的"跟随"现象，可以很好地解释寡头企业对外直接投资的区位选择。

弗农认为，新产品从上市起可以分为导入期、成熟期和标准化三个阶段，随着技术的扩散和产业的周期变化，产品的竞争优势以及包括技术、市场和价格等在内的竞争内容都会随之变化，对应的投资区位也依次从母国转向其他发达国家，再转移到生产成本较低的发展中国家。

J. H. 邓宁在融合产业组织理论、国际贸易理论与区位理论的基础上，引入了地理位置的影响因子，并提出了国际产品折中的概念。邓宁指出，企业要具备开展对外直接投资活动的资本，必须具备产权优势、内部化优势和区位优势，前者是必要条件，后者是充分条件。邓宁认为，东道国的区位优势不仅取决于其与投资国的经济距离、制度环境等，还取决于两者因语言、文化、风俗习惯等不同而形成的心理距离。跨国企业在开展对外直接投资活动时，肯定会受到这些因素的影响，只有东道国的区位优势明显时，企业才会进行对外直接投资。东道国的区位优势大小不仅决定了投资的区位选择，还会影响投资规模，以及投资的部门结构和类型。

2. 发展中国家国际直接投资理论中的区位选择

威尔斯（Wells）提出了关于发展中国家对外直接投资的小规模技术理论。该理论的最大特点就是，摒弃传统理论中诸如技术垄断之类的绝对优势的观念，而站在发展中国家角度考察其自身的比较优势。

首先，因为具备小规模生产技术优势，发展中国家企业可以满足低收入国家有限的市场需求，在为小市场提供服务方面具有竞争优势。

其次，发展中国家拥有制造本国商品或其他特色商品的优势技术，可以满足具有猎奇心态的消费者市场。

最后，发展中国家的跨国公司一般拥有接近周边市场，可以实施低价产品营销战略的优势。总体来说，小技术规模理论指出即便是一些发展中国家的公司，它们的技术水平较低，经营范围较窄，生产规模较小，但是也能通过对外直接投资的方式参与国际竞争。

拉奥（Lall）通过对印度跨国公司对外投资行为的分析发现发展中国家的跨国公司可以用对引入的技术进行消化，并对其进行创新，让其产品更加符合自己的经济状况和需要。即完成技术地方化或者当地化，形成自身的独特技术优势，这就是技术地方化理论。需要注意的是，这种创新过程不是简单地模仿和复制引进的技术，它是一种新的技术引入的过程。技术地方化理论说明了发展中国家在进行海外直接投资时拥有相对优势，并证实了经济不发达的国家可以根据相对优势参加国际生产运营。

小规模技术理论和技术地方化理论论证了发展中国家对外直接投资的可行性和区位选择等问题，能够很好地解释发展中国家企业的投资区位选择相对落后的其他发展中国家的现象，但是却无法解释发展中国家对发达国家投资的现象。为了解决这个问题，坎特威尔与托兰惕诺从技术进步与技能积累的角度出发，探讨了发展中国家对外直接投资活动行为的原因，并在此基础上构建了一个基于技术创新与技能积累的产业提升模型。该理论认为，发展中国家的对外直接投资的区位分布，会随着其国内经济发展水平或技术水平的变化而变化。具体来说，发展中国家应首先在投资风险较小的邻近国家开展投资。其次，开始进入其他发展中国家市场进行投资，积累海外投资经验。最后，当企业在跨国生产经营和管理方面的经验足够丰富时，为获得更为复杂和先进的技术可以开始向发达国家投资，即表现为"邻边国家—发展中国家—发达国家"的渐进发展轨迹。

二、区位选择的影响因素

因为各国的政治、经济环境及地理位置存在着差异,这就造成了各国和地区市场所具有的特殊区位优势,中国企业跨国直接投资的地区选择战略,就是要获得并充分利用这些区位优势。

跨国投资将面临着众多不同国别和地区构成的国际市场,置身于复杂与动态的国际环境之中的跨国投资地点的选择亦将遭遇诸多复杂因素的影响。其中,因各国经济发展水平、技术基础结构、资源供给条件、政治法律体制及社会文化环境等不同而导致的国际市场结构的不完全,不同国别和地区相关行业的市场机会与进入障碍的异同等诸多因素,均能对基于结合一定投资方式的投资地点的选择产生不同层面与程度的影响。

(一)国际市场结构具有不完全性

市场的不完全性是指在市场运作和制度运作中出现的一些不完善或不健全的现象。20世纪30年代,美国经济学家罗纳德·科斯在其经典论文《企业的性质》中指出:一方面,市场通过价格机制配置资源使得所有交易者都须从事发现相对价格并进行交易谈判等工作,因而市场运行要支付成本;另一方面,市场运行所具有的波动与不确定性以及预测方面的困难使交易契约的达成与履行也极不稳定。当交易成本或市场供需的不确定性增大时,市场配置资源的功能将面临障碍,弥补这种市场失效的方法将是企业规模扩大或政府管制这两种组织化的资源配置方式。

20世纪70年代,英国经济学家巴克利和卡森发展了科斯的分析。他们认为,在终端商品市场上也有相似的不完全性。这种不完全性或者说市场失灵,尤其是技术、知识、信息等中间品市场,其价格很难被精确地确定。在这种中间商品进行跨境贸易时,由于市场不完善而产生的壁垒变得更加严重。因此,他们指出,在跨国经营过程中,跨国经营机构采用了跨国家的组织体制,并采用了一种统一的管理方式,对其中间产品或者是内部资源进行了整合,这样就能够有效地规避市场不完全性因素对企业的投资效益造成的不利影响,同时,交易的内部化也是跨国经营机构形成和发展的一个主要原因。跨国投资地点的选择则是交易内部化理论和实践的关键之一。

显然，始于科斯而经由巴克利与卡森发展的内部化理论的重点在于由交易成本引起的市场不完全。实际上，不管是一个国家的内部市场还是整个世界市场，结构上的不完全性仍然是一个重要问题。在国内市场上，由于公司的不断扩张，造成了垄断或寡占的市场结构，这会造成商品市场和要素市场的不完善，这一不完整的市场必然会伴随着独占型或寡占型公司的跨国发展而向国际市场扩张；而在世界范围内，各国或其委托机构的主动介入，则会形成另外一种结构不完善的市场。由于世界上各个国家之间存在着各自的政治疆域，再加上各个国家之间的经济政策、法规、制度等方面的差异，使得国际市场呈现出"国别"和"区域"的状态。由于国家间以及区域间的相互隔离，导致了各种产品与生产要素的流入与流出困难，同时会形成各种不同的运作模式与效率。正是由于国际市场结构上的缺陷，使得跨国公司在进行投资时需要面对更加复杂的问题，在跨境投资场所的选择上，不完善的国际市场格局对其产生了如下的影响：

第一个是经济发展程度。一个国家或一个区域的经济发展水平，不仅影响了当地居民的收入水平、消费水平，而且影响了消费需求，进而影响该区域的消费市场的大小和种类；与此同时，经济发展状态还对特定国家和地区的社会基础设施、信息服务条件等市场运作环境起到了重要作用，进而对进入企业的在营行为产生影响。所以，企业在进行海外投资时，最根本的问题就是如何在经济发展程度不同的国家或区域内进行选择。

第二个是技术基础结构。因为受到了很多的限制，在不同经济发展水平的国家和地区，即使是在同样的发展水平上，其产业发展的技术基础、结构也不尽一致，这就体现在各国和地区实施的技术规程、技术标准和技术政策也不尽相同。对以生产加工、资源开发等工业投资为其业务重点的公司而言，了解各国和区域在技术基础组成上的差别，进而降低进入壁垒，降低投资的风险是十分必要的。

第三是可获得的物质基础。因国界和区域界限的限制，大多数经济资源具有有限的流动性，某些资源（例如以电能为代表的能量供应或交通等）很难实现跨国界流动。大部分的国家和区域都对人口流动进行了严格的控制，这使得人们在就业方面的流动程度也比较低。由于行政区划的分隔，使得各国、各区域对各种资源的丰富程度存在着一定的差别。为了对某一种资源进行开发和获得，跨国公司除了要对各个国家和地区的资源状况（其中包含了在生产加工和服务业等领域的跨国经营企业）有一个清晰的认识之外，还应该对各个国家和地区的劳动力、原材料、能源、交通运输以及资本等资源的供应状况和成本等有一个清晰的认识，这样才能防止自己在进行业务时存在盲区。

第四是法制制度。政治法规是影响各国及区域间差别最大的一个原因，两个区域在政治制度、法律制度、行政程序及各项政策等方面，都很难做到一模一样。在政治和法律制度上的差别，哪怕只是一点点的差别，都会让公司面对完全不一样的投资情况，而且这些因素对公司而言，不仅是一种强迫，而且还有无法预测的不确定性。当企业在选择一个国家和地区时，一定要对相关国家和地区的政治法律体制进行仔细的分析，从而确定出这些国家对企业进入和长期投资的限制的法律和政策边界。

第五个方面是社会和文化方面的因素。一个国家和地区，是一个特殊的民族历史所构成的一个政治集合体。因此，在这个世界上，各个国家和地区的人民之间，除了有一定的语言和文字上的差别之外，还会有很大的社会价值准则、伦理道德观念、宗教信仰、商业习惯和人际交往方式差异等。上述因素不仅会影响本地买家对外资的看法，还会对外商投资者的行为模式产生影响，进而对投资者的行为产生作用。从总体上讲，一个国家的社会、文化生态系统是一个长期的、稳定的系统。所以，对于跨国公司来说，要对各个国家和区域的社会和经济背景进行全面的分析，一方面可以为自己的进入找到可以利用的优势，另一方面也可以为自己制订与本地环境相匹配的长期策略奠定基础。

上述差异因素的存在表明所谓的国际市场并非一个匀质的统一体。依据这些差异，选择不同的国家和地区作为其投资地点是跨国投资决策中最基本的任务。

由于国际市场的不完备，使得区域内的地理位置优势和地理壁垒具有普遍性和差异性，这不仅为公司开展跨境业务带来了重大的环境动力，也给公司的投资方向带来了更多的可能性。

区位优势指的是从公司的视角来看，各国和各区域之间具有的比较优势，这一方面来自部分缺少流动性因素的分配上的差别，另外一方面来自国家主权对市场的制约。外资企业可以通过各种途径，如在本地设立分公司，以获取并发挥其相对优势。

在进行跨国投资时,最大限度地获取和使用区位优势,以及付出跨国区位壁垒所造成的最低代价,是企业进行决策的重要原则。一般来说,公司在决定进行多国开发时,应该至少考虑到以下两点有利因素:

第一,获得在国内很难得到的投资资源。在这里,投资资源指的是在较大范围内的资源,它具体包含了以下内容:东道国本地蕴含着有利的自然资源、发达的科学和教育所提供的成本低廉甚至免费的科技信息,发达的资本市场以及丰裕的、便宜的资本供应,良好的基础结构所提供的能源、运输及其他服务等。因为它们自身的特性或者是不完全的市场造成的缺乏流动性,使得资源具有相对优势。如何最大限度地获取并充分发挥其地理上的有利条件,对企业及国家的经济发展具有重要意义。

第二,从当地政府上获得优惠政策。因为外资可以为接受外资的国家带来利益,因此,从长远的角度出发,某些东道国往往会为外资公司提供特殊的政策,例如:在某一段时间里,对外资公司进行税收或出口货物的关税的减免,以及对外资公司的优先贷款权。所以,如果公司在这些地区进行投资,不但可以获得其地理位置上的相对优势,还可以得到超越本地公司的相对收益。

另外,在选定的对象中,还有一个重要的考量,就是当地的社会、政治和经济的长期稳定程度。一旦公司进入不稳定国家,不但很难获得有利条件,而且很难确保公司的财产安全。

(二)市场机会和进入障碍

在跨国企业进行投资时,其投资对象的选取只是初级层面上的决定,是在比较大范围内的决定。在基本确立了各国和区域的战略选择的基础上,进行二级的战略决策分析,也就是要全面的考量和分析有关产业的市场要素。然而,在实际的经营过程中,这两个层面上的影响因子与决策之间的关系往往是密切相关的,难以割裂开来。在产业要素中,对企业进行市场决策的影响最大的有两个要素:市场机会和进入障碍。

1. 市场机会

在对一国或某一产业进行长线投资或开发时,必须综合两大要素进行综合分析。

(1)行业市场容量

行业市场容量特别是未来一段时间内的潜在市场容量决定着行业市场的规模和产品的总体销售量，是投资与投资企业应首先予以考虑的因素。一般而言，分析行业市场容量，不仅要进行定性分析，更应该进行一些定量分析。行业潜在市场容量的定量化确定可以有如下两种方法。

一是对于销售量多且销售面广的消费品，其未来一定时期之内的潜在市场容量可用以下公式表示，即：

$IMC=f(x_1, x_2, x_3, \cdots, x_n)$

在公式中，IMC 表示特定产品的行业市场容量；$x_1, \cdots, x_n$ 表示同该种产品的市场销售有直接或间接关系的一组变量。

$x_1, \cdots, x_n$ 与特定函数关系 f 结合将确定产品可能销售。例如，影响电视机销售的变量指标可能包括家庭数目、人口的文化程度及比例、人均收入、电视机平均价格及其与人均收入的比率等。根据这些变量彼此之间容量作预测和估计。

二是对于最终购买者数量相对较少的工业生产资料产品，其未来一定时期内的潜在市场容量的确定可用下列公式表示：

$IMC=S_1Q_1+S_2Q_2+\cdots S_nQ_n$

在公式中，S_n 表示构成行业产品市场总体的各部分的现实和潜在的最终购买者数量；Q_n 表示各部分的市场购买者的平均购买量。

各部分市场上的以上两项变量的乘积之和，即构成该产品行业市场潜在的市场容量。

由于从投资地点的选择到投资进入的完成尚需一个过程，因此跨国投资企业主要应分析潜在的市场容量，至于该行业现实的市场容量及其变化情况，则应由跨国投资企业在完成投资进入后根据相关变量的近期数据来作出判断。

(2)行业发展阶段

行业发展阶段是一国或区域内某一产业在某一领域内所处的地位。在各个国家，对于特定行业产品的生产发展，一般都会处在一个不同的阶段，例如：行业空白期、行业引入与成长期、行业成熟与能力过剩期、行业衰退期等。一个产业所处的发展时期，将会影响到企业所面对的竞争环境。一般来说，只要有市场需求，就可以选择进入一个行业空白期或衰退期的国家或地区。前者，就是我们的纺织业进入非洲国家，如毛里求斯；后者，就像我们的机床公司进入美国市场。很明显，对于正在寻求海外市场的具有较强生产力的国家或地区，不应选择作为投资的对象，这也是规避风险的原则。

2. 进入障碍

各国、各区域产业的进入障碍，直接影响到产业的准入门槛，从而影响到各产业的发展。国际投资产业进入障碍由以下三个要素构成：

（1）进入企业须承担的额外成本

有学者认为行业的进入障碍是新厂商比老厂商多承担的生产成本。当然，他分析的是国内行业进入的障碍。不过，这个界定对跨国行业的进入同样也是适用的，只是成本的范围应扩大到全部投资成本。与本地现存的公司相比，外资公司在以下几方面付出的费用要多一些：

预付的一次性投资资金和利息费用；为获取原材料、流动资金及其他生产要素，以及找到有利的资源所需的时间及成本；为提高产品适应性而进行的设计和改进的成本；在发现或建设一个行之有效的销售渠道方面所花费的时间及成本；为了建立和加强市场认知，建立新的品牌，需要进行的宣传和推广费用；其他行政管理开支等等。

这些附加费用的组成与当地国新进入产业的企业并没有太大区别，但是因为社会、文化、语言等方面的不同，造成了两者在费用支出的数额上的巨大差异。很明显，跨国界进入成本更高。如果一家跨国进入公司最初的生产成本很低，并且进入之后的预期利润很大，能够在不久的将来抵消掉进入的费用，那么，它就可以作出一个有利于进入这个市场的决定。反之，则应该放弃进入这个市场。

（2）当地现有企业的竞争结构与竞争性反应

本土企业所处的竞争格局，会对新进入企业产生直接影响。如果本地企业的竞争结构是寡占型的或者是垄断型的，那么其会倾向于联合排外，这使得外资进入变得更加困难；反之，如果本地产业处于松散竞争结构，则外资更容易进入。同时，新企业所具备的新的产品和服务能力，将会打破现有的市场竞争和供给平衡，从而导致本地企业对新企业的进入作出不同的应对。其中，最普遍的对策除了降价之外，还有一些竞争性对策，如提高产品质量，开发差异化产品，提供更好的交易条件，加大促销力度等。很明显，这种回应与行为不但会影响进入者的期望利益，而且还会对进入者产生一开始并未预料到的阻碍。所以，进入企业应当对这种反应的程度和可能持续的时间作出必要的估计，并据此调整自身的成本和效益期望。

（3）当地政府与社会的态度

当地政府现有的和可能实施的产业政策、对外资的政策、对环境污染的政策、技术标准等，都会对进入的企业产生负面或正面的影响。虽然许多国家在一段时间内都会实行一些有利于引进外资的政策，但是地方政府在特定产业的规制上，还是难免会偏向于本土公司。例如，对当地的公司给予政府补贴，给予优惠贷款，等等。由于地方政府在不同阶段的产业政策侧重点以及其在不同的领域呈现出差异性，这就要求进入公司全面评估因政府政策变动而导致的不利地位上升或有利地位下降的情况。另外，地方民众对外资商品的族群情绪取向、对外资商品品质认同等因素，都会对外资公司造成一定程度上的阻碍。

总的来说，以上提到的障碍仅仅是初期会面临到的。若投资国或区域具有充分的能力，能够承受外资进入的成本，则该障碍不足以阻止外资公司的进入。所以，对各产业进行市场要素的分析和选取，其核心依然是效益和费用的对比。

通过对企业地理位置与产业环境的全面分析，可以使企业更好地进行国际投资的选址。

三、不同国家的区位选择

各国所处的地理位置和市场特征因受所处的经济政策环境而异，因此，外资企业的投资地域选址受到如下几方面的影响：

一是企业跨国投资的战略目标。若公司的目的是开拓新的市场，利用国外的资源提高产品的销量，就要选择市场容量大、资源丰富的国家；对于以获得国际上领先的技术与管理经验为主要目的的公司，应该选择在技术与管理上具有领先优势的国家进行投资。

二是东道国投资环境的软硬性指标，如生产、生活条件、基础设施建设、社会安定程度、政策法规、市场成熟度、整体经济效率等。在此基础上，要充分考虑本地的合作方情况，劳动力质量等方面的问题。

三是在政治、历史、文化等方面，企业所属国家和东道国之间存在的不同和联系。有些时候，这种非经济因素会对企业的生存与发展起到很大的作用。

中国公司要走出国门，就必须全面剖析上述各方面的原因，掌握自己的优缺点，并根据自己的实际情况来确定投资的地域位置。

（一）发达国家和地区

与早期跨国企业投资集中于发展中国家和地区的情况不同，20世纪60年代以来，外商的直接投资主要分布于经济发达的国家和区域。究其原因主要有：发达国家和地区的经济发展程度更高，吸引外资的能力更强；社会生活比较安定，法制及市场规范比较健全；交通、通信等基础设施比较完善。简言之，发达国家及地区具备较好的投资条件，这也是吸引跨国公司直接投资的主要原因。具体来看，这些发达国家和地区主要是欧洲、美国、日本、澳大利亚、加拿大等。它们具有庞大的消费市场、高消费水平、高分工程度以及细分的市场，因而企业具有更多的投资机遇。此外，它们还是全球新产品、新技术、新信息的重要源头和集散地，在这些国家和地区进行投资，能够更好地跟上国际的发展趋势，对公司的全面发展大有裨益。因此，在国际资本流动中，发达国家或区域具有较强的国际资本集聚能力。

从目前中国企业的现状来看，无论是在技术水平、产品创新，还是在企业投资机制、市场化程度上，与国外相比，都存在较大的差异，中国企业必然会面对更加残酷的市场竞争，若没有在某个领域具备比较优势的产品或技术，这种差异就会形成不可逾越的壁垒。但是，从另一个角度来说，当中国的公司经过持续的技术与管理创新，已经拥有了相当强大的竞争优势时，那么，他们就可以在这些国家或地区进行投资，从而大大促进他们的技术与经营能力的提升，从而使这些企业更快地成长为世界著名的跨国公司。

由于先进国家或区域的客户要求苛刻，且竞争对手强大，因此，在先进国家或区域进行海外投资，可以极大地促进中国公司的产品和技术水平的提升。另外，中国公司到先进国家去，也有助于他们更好地理解和适应世界上的市场运作规律，并能及时掌握世界上最先进的技术和趋势。因而，选择发达国家和地区投资，对于外资企业来说，其所处的位置和相对收益都是最大的。

（二）东南亚国家和地区

在东南亚，中国企业进行投资时，将会面临两个有利条件。

首先，部分地区（如亚洲四小龙）自20世纪70年代起一直是新兴工业化的领跑者，工业化进程迅速，人均国民收入高，市场容量大，自身也是世界上其他国家和区域（包括发达国家和区域）对外直接投资的焦点。该区域人口众多，同时也是全球最有发展前景的消费市场。东南亚国家在促进自身经济发展的同时，也对外国投资者提供了各种优惠政策，使其投资环境变得更加宽松。中国的很多商品和技术在该区域都有很大的发展潜力。

其次，中国公司在这一区域内拥有巨大的地理位置上的有利条件。在历史、文化和社会生活上有着许多共同点。东南亚与中国在经济贸易方面有着悠久的历史，也是中国的一个重要的贸易市场。在这一区域内的投资，最切身的好处是能够保住和扩展现有商品的市场占有率。此外，东南亚华人众多，其血缘上的联系也有助于降低中国公司海外投资的准入壁垒。所以，中国公司只要充分利用自己的技术、产品等方面的优势，充分掌握本地的政治、经济、文化特征，就可以在这一区域内赢得更大的市场份额。柬埔寨虽然人口很少，且市场有限，但其区域位置在经济上却具有重要的战略地位。该国坐落在湄公河平原上，与泰国、越南、老挝等三国交界，历史上与上述三国都存在很大的跨境贸易额。占据柬埔寨的市场，就是抓住了向周围三国扩散的核心市场。在经历了将近20年的内战后，柬埔寨于1991年由联合国调停得以实现停火，柬埔寨在联合国的领导下，开始了战后的恢复过程。战乱对柬埔寨的生产力造成了很大的打击，很多产业都陷入了停滞状态，需要重新开始建设。为了恢复和发展经济，柬埔寨鼓励外来投资，所有经济部门都对外开放。广州第一卷烟厂派出考察团在与本地批发商和中国人的座谈中，以及对烟草零售商和批发商的调查中，对柬埔寨烟草市场的种类、价格、市场规模和销售渠道有了一定的认识，并在此基础上确立了一系列的具体投资策略。在柬埔寨市场由于人均收入低，高档卷烟市场比较小。广州卷烟一厂把中低档烟作为主导产品，利用自己相对的技术优势、管理优势同当地品牌竞争，从而占领了中低档卷烟市场。

（三）其他发展中国家和地区

发展中国家和地区在市场经济发展水平、科学技术水平、综合实力等方面均低于发达国家，它们对外资的要求在大小和水平上都与发达国家有较大差异。中国很多中小型企业与世界上的大企业相比，具有规模小、项目少、劳动密集、适应性强等比较优势，更符合发展中国家或区域的投资需求。同时，一些新兴市场和区域对于成熟的技术有着比较大的需求，在此方面中国企业也有着比较大的竞争优势。所以，除东南亚之外，其他的发展中国家和区域也将是中国公司海外投资的首选之地。

除了东南亚，东欧和俄罗斯正在被视为国际资本的又一个热门区域。中国公司在上述几个国家或区域内也有着比较优势。长期以来，这些国家与中国经济文化交流十分密切，中国的公司对该地区的工业技术和经济、文化等方面的情况也比较熟悉。另一方面，虽然当前这些国家或地区的社会、经济还处于一种比较混乱的状态，但是其所拥有的资源、产业、科技等方面的优势依然十分明显。同时，中国公司也在这些比较脆弱的行业，如日用产品方面取得了长足的进步。在东欧和俄罗斯等国家的整体经济条件持续好转，并逐渐与世界经济接轨，这一区域的发展具有很大的空间。中国的公司应该把握机会，争取在这个领域的领先地位。

中东的产油国及区域因其丰富的石油收益而成为全球经济发展的支柱产业。尽管这些国家的货物市场因其特别的国家宗教习俗而有所受限，但其拥有最大的基础设施合同市场。由于中国的劳动力资源丰富，所以该区域内的工程劳务合作公司具有非常广泛的发展前景。虽然非洲仍然处于全球最贫困、最不发达的区域，但是大部分国家已经开始实施吸引外资的措施。在目前中国正处于经济快速转型时期，中国可以选择非洲地区为其进行经济技术转让。

中国也是一个发展中国家，与其他发展中国家和区域有着很深的经贸联系。中国拥有大量的产品和技术、机械装备等生产要素，具有较大的生产和技术比较优势。在此基础上，对外投资对中国的经济发展起到了积极的促进作用，对促进推动产业结构转型具有积极的作用，同时对促进中国对外合作发展具有重要意义。当然，有些国家和地区的政局还不够稳定，而且还处在整体转型的阶段，因此对投资时机的把握和时机的选择还需要更加谨慎。

四、不同产业的区位选择

20世纪70年代以后，许多发展中国家或区域的跨国投资主要是以劳动密集产业为主，如以服装、钟表、塑料、电子、家电等为代表的中等技术产业。在这些国家和地区，资源的利用也是外商直接投资的一部分，而在第三产业，这些国家和地区所占的投资比例很低。在中国的国情下，在国际市场上，中国的外资主要集中在农业和矿业领域。其后对第二、第三产业的投资比例也在不断提高，特别是在纺织、皮鞋、服装、金属、运输设备、家用电器等附加值较高的加工制造业部门，跨国投资增长速度加快。中国企业进行跨国投资，应当从企业自身及与之相关的产业部门所具备的相对优势出发，科学选择目标市场。

（一）农业

中国作为农业大国，农业具有自己的相对优势。但同时我们也应该看到，中国人口较多，人均资源非常有限，不少农产品缺乏比较优势，如大宗农产品中的大麦、小麦，水果中的香蕉、果汁，天然橡胶，食糖等。因此，中国农业企业跨国投资时可按以下一些原则实施区域选择战略：

（1）进口农产品优先投资原则。即指某类农产品出口量比较大的国家和地区，如美国、加拿大、澳大利亚、欧盟、阿根廷、俄罗斯等。这些国家和地区的农产品生产资源比较丰富。

（2）资源密集度较高的国家和地区为了取得规模效益和长期投资的战略，区位选择考虑土地资源绝对面积和相对优势的原则。中国农产品品种较多，有些产品已形成相对的技术优势，可利用相对面积人均比较大的国家和地区。

（3）利用中国技术相对优势的原则。中国农产品品种较多，有些产品已形成相对的技术优势，可利用这些相对优势进行农业开发、生产。

（4）利用非生产优势，如利用我国对发展中国家和地区的外交优势，可在资源丰富的发展中国家和地区，如东南亚、非洲和美洲进行跨国投资活动。

（二）机电行业

中国机电行业已有二十多年的发展历史，并已成为世界上最具规模的机电产业。同时，机电行业的整体结构已从分散逐步走向集中，初步建立起了一群可以主导市场，拥有知名品牌，并具有较高投资水平的机电公司，如中联重科、三一重工、远大空调等企业的规模达到了世界水平。目前，该产业已经初步实现了一定的规模效益，并且已经步入了技术升级与转型及行业一体化进程。部分具有一定经济实力的大公司通过资产重组、联合兼并以及多元化投资等方式，已经实现了投资与品牌的整合。随着机电行业出现了一种十分清晰的全球化发展态势，中国的机电行业已经与世界范围内的市场进行了对接，因此，中国机电企业已把开拓国际市场看作持续发展的主要途径，构建了国际销售网络，设立了产品的配送中心，并通过技术输出、合资办厂等方式，进入了一个快速发展的阶段。一大批具有一定竞争力的大公司通过品牌战略转移和跨国集团等形式进军世界，对确立中国机电行业的领先地位起到了积极的作用。

从今后中国机电工业的发展来看，大力开拓国际市场将是一项十分艰巨而迫切的任务，因此，在进行跨国投资时应实施市场多元化战略。

一方面要大力拓展发展中国家市场。相对于发展中国家而言，中国机电企业具有技术等方面的比较优势，同时，中国同发展中国家和地区形成了传统的经济合作关系，所有这些条件为中国机电企业对这些国家和地区跨国投资提供了发挥相对优势的广阔空间。

另一方面，要进一步拓展发达国家市场。发达国家有先进的技术和管理经验，通过对这些国家和地区的跨国投资，可以推动中国机电产业的结构调整与优化升级。同时，中国机电产品质量稳定、价格低廉、经济实用，在发达国家的中低档产品市场上拥有较大的吸收力。

（三）纺织服装业

纺织工业是中国的传统产业，也是中国重要的出口支柱产业。近几年，中国大力调整纺织品服装的产品结构，不断促进产业的优化升级，取得了很大的成绩。比如"中国虎"衬衫和"忘不了"西服等企业已获得由中国经济检验局颁发的生态纤维制品标志和天然纤维产品标志准用书。同时，中国的纺织服装业有一定的生产水平和管理水平，境外加工贸易也有了一些进展，积累了一些经验。

中国纺织业在进行跨国投资活动时，要坚持重点区域和多元战略相结合的市场扩展战略，并把重点区域放在中南美洲、欧盟和非洲等地区。中南美洲毗邻全球最大的纺织品进口国——美国，美国一年的纺织品消费超过2000亿美元，人均消费在800美元左右，其中43%的成衣和25%的纺织品依赖于进口。由于该地区商品进出口费用低廉，中南美洲的劳工工资较低，加之配额和外汇进出的自由化，使得该地区越来越受到世界纺织工业的青睐，并加大在该地区的投入。此外，中、南美洲国家也都有吸引外资的意愿，例如墨西哥投资了18亿美元，购置了进口机器，兴建了成衣厂，准备从美国引进半成品服装进行加工业务。自1989年起，墨西哥、秘鲁等国家对外商投资项目实行关税、生产成品增值税、营业税、所得税等方面的税收减免政策。此外，州和市等当地政府对外国投资者给予了更多的弹性政策，在土地，能源，水利等领域给予了更多的优惠。非洲地区的中非关税经济同盟和西非共同体等地区经济组织中的一些国家，在投资和开发方面也表现出极大的热情。土耳其是欧洲联盟的后备成员国，在与欧洲联盟的贸易中，可以获得更多的优势，同时也可以利用自己的优势，吸引更多的资金来发展自己的纺织品和服饰产业，促进对欧洲联盟的出口。这给我们带来了一个新的发展机遇，即由传统的出口贸易，转向以加工贸易和对外投资相结合的海外发展，在此基础上，寻找新的纺织产品出口增长点。

（四）其他行业

中国在中医药和餐饮等具有中国传统文化特点的产业方面也有着丰富的资源，在对外投资方面具有比较优势。中医、餐饮行业进行跨国投资时，重点区域可选择与我国毗邻的东南亚国家和地区，因为这些国家和地区与中国在历史、文化和社会生活等方面具有不少共通之处，同时，该地区生活着许多华侨，对这些行业的产品有相当的需求。另外，可以大力开拓发达国家市场。因为随着中国与发达国家之间交流的不断增加，从中国去这些国家学习和工作的人员也在不断增加，从而对这些行业产品的需求也在不断增加。同时，通过对这些国家和地区的投资，可以绕过这些国家和地区的技术贸易标准等障碍，有利于拓展发达国家和地区的市场。

五、不同动机的区位选择

即使在相同的世界经济与国际市场环境下，不同企业的跨国投资动机也有着很大的区别。一国的资源禀赋和经济发展水平对外资企业是否投资有很大影响；而在相同的一国中，由于各自所处的投资领域以及自身的资金和技术等内在原因，跨国投资动机也会迥然不同。因此，企业在选择跨国投资目标市场时，必须要结合不同的动机加以选择。

（一）贸易促进型跨国投资的区位选择

中国对外贸易的不断扩大，使中国的经济在全球范围内作出了巨大的贡献。然而，随着"中国制造"的不断涌现，不少国家以"反倾销""环境保护"等理由，或对从中国输出的商品征收高额的关税，或对中国商品实行严格的限制。正是由于这些限制，中国企业在过去及未来一段时期内，为推动出口而进行的境外投资，或以出口替代境外投资，已成为推动中国企业进行境外投资最主要的动力。

当前，中国公司所受到的外贸制约，大多来自欧美等发达国家和地区，而且多集中在纺织行业、农产品行业、家电行业和日用工业行业。所以，这些行业在以促进出口的对外投资中，应当优先考虑欧、美等经济发达地区。春兰集团在这一点上的成功可以为中国公司提供有益的借鉴。

春兰集团先以出口为突破口，之后依靠以技术所有为优势在海外投资。在1997年，春兰集团成立境外行销网络，透过战略同盟的方式，目前已发展境外代理商一千二百余个，春兰集团的境外行销网络已初具规模。在1998年，春兰通过收购，在欧洲建立了第二个零售网，从而拥有了完全属于自己的销售网络，空调的出口迅速由南欧、西欧扩展到中东欧及北欧地区。

（二）资源寻求型跨国投资的区位选择

尽管从事资源型跨国投资的中国企业数量和活跃程度远不如从事贸易替代型企业，但是这一类型跨国投资规模则是对外直接投资各类型中最大的。中国自然资源总量虽然丰富，但人均占有率却非常贫乏，在中国快速发展的同时，对能源的要求也在不断提高，这将使中国的资源短缺状况更加严重。因此，在今后相当长的时期内资源寻求型跨国投资将会成为中国企业跨国投资的主流动因。

在国际上寻找资源而投资的过程中，要从资源的配置角度出发，进行合理的选址。就拿获得油气资源来说，因为油气资源的局限性以及油气的集中度，油气资源大多分布在中东、南美以及俄罗斯，因此石油领域的跨国投资重点要选择在这些地区进行。由于像石油这样的能源行业又与很多因素混合在一起，能源开发具有多重矛盾交织和冲突平衡的特性，是跨国公司争夺最激烈的场所，所以对于这样既特殊又复杂的领域，选择跨国投资区域时一定要十分谨慎。

（三）技术获取型跨国投资的区位选择

跨国投资是获取先进技术的重要途径，而对于追求贸易的外资公司来说，除了拓展国际市场之外，寻找和掌控新技术，也是促使外资公司走出国门的又一个动力。虽然在衡量利害关系时，通常把市场与利益考量放在首要位置，对技术的追求是次要的。然而，随着境外资本的不断扩大，中国公司特别是资讯科技、生物科技等高科技公司，将会把技术寻求因素置于首位。联想集团当初的"两头在外，中间在内"，就体现了其海外投资技术优先战略。所谓"两头在外"，就是联想把它的产业链上下两端，也就是研发和营销，都放在了中国香港。香港是全球贸易的中转站，比起内地，香港的市场更加成熟，更加开放，而且消息也更加灵通，将研发的工作地点设在香港，可以让联想的工程师们得到更多的市场消息，同时也能让联想的电脑与国际接轨。

欧美等西方资本主义国家是当今世界先进科学技术的主要发源地，例如，到了 90 年代，美国的科学技术对其经济发展的贡献已经达到了 70%，从 1995 年到 1997 年，高技术工业已经超过了 GDP 的 27%；英国是世界工业化发展最早的国家之一，航空、电子、化工、电气等工业部门在世界上处于领先地位，农业的机械化程度也较高。因此，中国企业以寻求技术作为跨国投资动机时，应把欧美等发达国家和地区市场作为重点区域进行选择。海尔集团的成功经验可以给我们很好的启示。海尔集团很早就在美国设立了研发基地，但应该说，其最重要的投资动机还是属于以贸易替代为主的投资类型。

（四）战略资产寻求型跨国投资的区位选择

伴随着中国经济的不断发展，进行跨国投资的企业的数量和规模都会进入一个很快的发展时期。面对日益增长的中国企业投资浪潮，单纯依靠"贸易便利化"和"资源化"两种方式已经无法满足中国日益增长的国际化发展需求。作为一个世界一流的跨国企业，其应具有"全球化"的观念，这种观念对其在世界范围内的产品分工模式具有重要的意义。在跨国投资决策中，要求从全球的角度选择市场切入点，选择生产基地，选择合作伙伴。

通过与外资公司建立战略合作关系，可以改变已有的全球资源分配格局。中国公司可以通过兼并、收购或结成联盟等方式，实现"以股份换取市场""以技术换取市场""以优惠换取市场"等目标,与外资公司形成密切而又松散的"战略联盟"。在与国外大公司联盟时,中国企业要充分借用他们的研发创新能力,他们出科技,我们出劳动力,充分发挥我们的相对优势。万向集团是国内外知名的主营汽车零部件的民营企业,目前已有中外子公司六十多家,包括万向美国公司、万向墨西哥公司、万向委内瑞拉公司、万向英国公司、万向欧洲轴承公司等海外子公司。1994年,该公司在美国设立了万向美国分公司,并启动了"国际化"的发展战略。公司宗旨是以美国为基础,开发美国万向公司的全球销售渠道,并将万向公司的产品推向世界,同时引入海外的资源。万向美国公司成立以来,已兼并了多家美国公司,以及欧洲轴承公司、舍勒公司等大公司。

第二节 中国企业对外直接投资——产业选择

一、我国对外直接投资的产业选择

(一)选择依据

在现阶段,我们应该按照现代直接投资的普遍规则,结合国内发展的阶段特点,来进行直接投资的产业选择。从而使我国企业在世界范围内的竞争中处于一个较好的位置。在此基础上,笔者提出了当前国内产业选择三个层面的依据。[①]

1. 是否有助于充分发挥产业组合的区位比较优势

在现代市场经济中,一个投资者所占的比例取决于其自身的经济利益。在国际直接投资行业的选择上,"经济优势决定论"也是成立的。问题是,企业的经济利益产生具有自身的特点,这与投资者个体的利益产生有很大的区别。产业经济优势的一个主要特点就是:一项行业的各项优势通常都是分布在各个企业之间,也就是这个行业里各个制造商的经济优势的总和,从根本上来说,它是一种组合的优势。这种特征说明,在直接投资的发展过程中,一个行业中各个具有较

---

① 关于我国对外直接投资产业选择的依据,本文较多地参考了邢建国老师的思想。参见邢建国:《发展中国家国际直接投资的产业选择》,《经济研究》1997年第3期。

强竞争力的公司之间的相互配合关系,是影响直接投资行业发展的一个重要因素。

所以,在进行海外直接投资的时候,我们首先要看的是在行业内部所拥有的优势企业的组合状态。如果能够把个体企业的分散优势转化为行业整体优势,我们就可以持续地拓展我们在海外直接投资中所拥有的产业选择的经济空间。

虽然可以用企业组合的方式来表现出某些行业的优势,但是这些优势并非是一种全球性的优势。事实上,对外直接投资并不要求它具备什么全球性的优势,只要求它在特定的区位上的投资优势,也就是在母国的某个行业与投资国的同类行业相比具备优势,"区位比较优势"的实质是:相对经济优势源于特定的投资地点,是进行国际直接投资的基础,也是对投资国和东道国都有利的内部经济来源。只有当一个行业的对外直接投资在特定地区可以给两个国家提供相对收益时,才有可能实现跨国投资。

显而易见,企业投资的产业选择是将区位因素考虑在其中的,选择了不同的区位,也就意味着选择了不同的产业。再者,上述之组合性的优点,也应看作其地域特性而决定。根据其所处的地域经济特点,将其进行产业优势的整合,是拓展我国对外直接投资的一种行之有效的方式,同时也体现出了我国身为一个发展中国家,在对外直接投资方面所具有的显著特点。

2. 是否有利于国内贸易量的提升

跨国企业的境外投资对其本国经济发展的影响有很多种,其中最重要的就是其对本国的产业结构和技术发展的影响。但是,因为外资企业是在国外存在的,所以对母国的技术影响程度将会依赖外资与国内企业之间的贸易规模。在我国,外国公司与本国之间的产品、服务等产品的贸易额,可以作为判断外国公司是否合理进行外商直接投资的标准之一。

在此,我们的交易额多为"行业内部的纵向交易"。"行业内部的纵向交易"指的是某一产业内部以"工程间分工"为基础的贸易关系,也就是某一类产品生产所需要的初级产品、中间产品以及最终产品之间的贸易关系。与基于"产品差异"的"行业内部横向分工"相比,这种横向分工实质上是一种"互竞产品"的替代,极易导致行业间的过分竞争。而产业内部的纵向交易是一种互补性的交易,也就是在纵向交易中,国外公司和我国公司之间存在着一种互补性的交易,当一家公司的市场扩大时,它将会对另外一家公司的生产带来直接的影响。

所以，行业内的纵向交易不仅可以促进行业"组合优势"的产生，而且还可以促进行业优势的内在化。由此可得，"行业内纵向贸易规模"的本质是要使对外直接投资对于中国有关行业发展的影响得到最大程度的发挥。据此思路发现，我国直接投资的主要发展领域，应该以与本国有关行业密切相关的行业为主。其关联效应越大，则说明其对本国的工业增长所产生的"外溢效应"越大，亦即其所处的工业增长所产生的经济与技术特性对本国工业增长的传导与辐射性也越大。

可以看到，"行业内部纵向贸易总量"的大小取决于行业内部各个环节之间的相互关系或相互联系程度。这个联系可以分为两种类型：前向关联和后向关联。其中，如果一个行业的后向连锁度更高，那么如果它选择了在全球范围内进行生产，就可以将母国的中间产品和初级产品的产量进行扩大，这样它就可以在母国以出口为主导的策略下，为母国的工业发展打开一个新的世界范围。

与此相对，那些前向关联程度更高的行业，例如，通过进行初级产品的跨国制造，可以为其所依赖的中间体与终端产物的成长提供资源供应，这样的资源型跨国投资就成为我国发展对外直接投资的一种主要方式。可见，"行业内部的纵向贸易总量"与行业间的相互联系程度、相互影响程度都有显著的正向关系。产业关联度越高，则跨国制造所牵涉到的制造环节越多；产业关联度越高，其所涉及的国家商品种类越多。

所以，中国跨国企业在国外的子公司和国内公司之间的纵向贸易，可以作为一个度量"外溢效应"的指标，进而判断中国对外直接投资行业选择的一个主要因素。

3. 是否有助于产业结构的高度化发展

择优准则的根本条件是：对外直接投资的择优取向必须与我国产业结构的高端化趋向匹配。我国的经济正在进行着一个从低水平粗放型向以高度集约化为主要特点的发展转型过程。同时，我们的对外直接投资还应该反映出我们国家的经济增长方式转型的内部需求，也就是我们国家在构建世界生产体系的时候，应该尽量避免对我们国家的粗放经济产生某些膨胀效果，这可以说是我们国家在构建世界生产体系的时候，我们国家的经济增长方式转型的一种直接延续。如果不这样做，一是不能有效地提高外资的资金使用效率；同时，也会从本质上削弱"行业内纵向贸易额"的影响，造成"行业内纵向贸易额"的负面影响，会使经济粗放发展的影响进一步扩大，进而使中国的经济发展模式发生变化，对中国的产业结构的高级化造成一定的阻碍。在此背景下，"产业选择"和"企业选择"的最大差异在于如何促进本国的产业结构向高端方向发展、实现经济发展模式的转型和提高宏观管理水平。

在构建我国跨国公司的国际生产体系时，应该把对我国产业结构的高度化发展有直接促进效应的投资导向作为目标，在进行海外直接投资时，其行业的选择应该与经济增长方式的转型相适应。以此为依据，我们将把对外直接投资的重点放在技术密集型产业，尤其是高科技含量和高附加值的行业。这是一个将技术密集工业扩展到世界范围内的一个投资地点，有着极为重大的经济效益。

（1）这一政策有助于从本质上扭转对外直接投资无选择导致的低效率现象。而"非资本过剩型跨国投资"，其"机会成本"往往高于"剩余资金的跨境投资"，也就是说，这一类资金在本国技术密集行业中所获得的收益，就是它们对外投资所付出的"代价"。所以，在建设国际生产体系的时候，看到项目就去接，看到工作就去承的做法其实是一种目光短浅的行为。特别是当我们国家的经济持续增长，我们的投资潜力越来越大时，我们的机会成本也将随之提高。而想要补偿这个损失，最重要的方法就是找到一个对技术密集的行业作为投资的方向。

（2）在此基础上，建立一个技术密集的国际生产体系，是中国现阶段对外直接投资发展的根本目的。技术密集型国际生产体系可以对母国产业结构的高级化产生直接拉动作用，也就是从国际生产的需求（后向关联国际生产）或供给（前向关联国际生产）角度，促进母国产业结构的合理调整。

（3）拓展国际投资中技术密集行业的选择范围，还可以为其在母国的劳动密集行业腾出一些经济空间，促进其国内经济平稳、和谐发展。

上述三个方面分别从三个角度对我国目前进行跨境直接投资的产业进行了剖析，这三个方面不仅体现了国际直接投资的普遍需求，同时也是我国"非资本过剩型跨国投资"特点的具体表现。

（二）选择依据的现实指导意义

从三个层面来看，上述三个方面对于中国对外直接投资行业的限制，其本质是截然不同的。工业组合的地域相对优势是影响对外直接投资行业选择的共性和基础性制约因素。一般而言，当这些因素都具有一定的优势时，就具有了进行对外直接投资的先决条件。但是，这并不代表"产业选择"已经达到了最优，而是有可能偏离了这个方向，或者说，这个方向对于一个国家的产业增长没有任何现实的价值，所以，产业选择还需要加入"贸易量"这个限制因素。满足这一要求的对外直接投资，可以借助贸易机制，将增长的力量传导到本国的有关行业，从而为本国的工业发展营造出一个更好的国际市场环境，这显示了在"行业内部纵向贸易总量"限制下，跨国生产关系的构建有利于本国工业增长，促使对外直接投资接近其目标。

然而，由于国际投资所构成的纵向贸易传导机制，自身并没有将其传递的路径设定好，因此，很难防止对母国的产业发展产生简单的规模扩大的拉动作用，甚至会导致原本应该在本国受到约束发展的产业出现过度增长，比如，导致了本国对稀有资源的掠夺性开发，或者加重了本国的环境污染和生态平衡。这种现象是对外直接投资产业传导机制的"劣质化"问题。但很明显，这样的产业传导方式并非我国对外投资发展的预期。要防止工业发展过程中出现"劣质化"的趋势，就需要制定"高层次结构"的规范。该规范的重要作用是确定对外直接投资产业传递机制的本质与方向，也就是对外直接投资所产生的产业传递机制与其所在国家的产业结构高级化发展趋势相一致，从而为避免其"劣质化"、为推动对外直接投资向其最佳水平靠拢提供了必要的制约。

因此，"结构高度化同质性"标准同样提出了"产业组合区位比较优势"的基本构成途径，也就是，该优势的组合与位置并非是一种纯粹的自然过程，并非是既有优势的随机组合，而是一种选择的结果。在这种情况下，以"结构高度化"为基础的区域比较优势，将有助于调整国家的产业结构，改变国家的经济发展模式。

所以，对外直接投资行业的选取是一个系统工程，并非单一的指标能够确定，而是多个指标的综合应用。这三种准则相互关联，相互制约，既是一个有机的统一，也是相互区分的，它们在"产业选择"的各个层次上构成了制约因素。

在现代市场经济中，外资企业的行业选择是由各个微观经济主体的投资行为决定的。而以市场信息为主导的微观经济主体的投资行为，其最大的特点就是对市场信息的反应。但问题是，一个国家"产业选择"的取向并非与其所处的国际市场所发出的讯息相一致。这表明，要想完成对外直接投资的产业选择计划，必须依赖于国家的干预，尤其依赖于国家的产业政策引导，由此推导出如下结论：

把对外直接投资的产业选择纳入到国家的产业政策体系中来，是实现对外直接投资最优的前提。同时，随着我国经济发展水平的提高，我国在对外直接投资中所扮演的角色也越来越重要。目前，中国的对外直接投资还处在发展初期，如果能够将它尽快地列入到国家的产业政策中，不仅可以让它在一开始就走上一条有条不紊、有效运作的道路，同时也是提高我们在国际市场上的竞争力的一个重要保障。在21世纪，对外直接投资产业政策的制订将会对中国的经济发展起到重要作用。

特别需要注意的是，提出三层次选择依据的根本，旨在为我国工业企业的发展创造一个良好的外部环境，以促进我国企业的发展。而要达到这一目的，就要推动国内市场与国际市场之间的衔接，遵循现代市场经济的一般规律，构建出我国的国内市场体系，使国内市场与国际市场运作方式具有同构性，这是保证国际直接投资产业关联效应能够充分发挥它的效果的前提。

（三）我国对外直接投资的产业类别

目前，中国在国际劳动分工的梯级上，处于一个整体的中游位置，这一特殊的位置使得中国将有两种类型的对外直接投资共存：

一种是"优势型对外直接投资"，它是向地位较低的国家提供的，其目标是利用比较优势、转移已经丧失了成本优势的行业，并推动本国的行业调整。

第二种是学习型对外直接投资，也就是在更高层次上吸收国外先进的产业技术和管理经验，从而推动我国产业升级和创造新的比较优势。

1. 资源开发业

从国际直接投资的流动情况来看，对资源行业的投资呈现出不断减少的趋势。不过，这一次的投资金额稍微提高了一些。但是，就目前中国的发展状况而言，向资源型产业的直接投资，将会成为中国在未来一段时间内的一项重要的战略性产业，以下是主要原因：

首先，虽然中国拥有大量的矿产资源，如铁矿石、铜矿、石油、稀有金属等，还有森林资源和水利资源，但是，中国的人口拥有量与国际上的平均值相比，仍处于较低的位置。

其次，中国金属矿产资源主要是以富集和贫集为主，富矿少，贫矿多。这一点在铁矿和铜矿等矿产资源上体现得尤为突出，例如，中国铁矿含铁约30%，能够直接熔炼的铁矿仅有24%。而在国外，有些铁矿石中，铁含量可达到50%以上，其中约有90%以上的铁矿石是直接投入熔炼的。[①]

从中国的国情出发，随着经济的可持续发展，对资源的需求量越来越大，我国现有的有限资源已经很难满足经济的高速增长，同时，对于境外资源的开发和利用还处于零散使用的状态，还没有形成一套完善的境外资源利用策略。随着中国经济的不断发展，内需不断增加，石油、铁矿砂、铜等矿产资源的进口量也在不断增加。

所以，开发矿产资源将成为中国对外直接投资的一个重要策略，而目前中国的林业、矿产、石油等具有重要意义的战略性资源则是我国目前急需的。

（1）采矿业

通过以上对中国铁矿业的研究，我们可以看到中国的铁矿开发已基本失去了相对优势，而国际上的铁矿供应量仍然很大，远远大于国内对铁矿的需求量。此外，以铁矿石为例，1980年以来，全球铁矿石供应持续过剩，而欧美几大钢企却在不断收缩产能，给中国带来了很好的发展机遇。另外，在国际市场上，铁矿石的含铁品位和运输条件都很好。例如，到那些有良好的采矿环境和建造、交通费用低廉的地方去进行投资，这样既能解决本国的经济发展问题，又能解决本国的经济发展问题。另外，它还能保存更多的非再生能源，有利于中国长远的经济发展。

（2）石油业

石油资源是一种"血液"，也是一种不可再生的资源。中国的石油资源不是很丰富，人均可开采储存量仅为2.4吨，相当于全球的10%，这一比例在全球范围内都很低。但实际上，在多年的开采之后，中国的石油产业已经不同程度地枯竭，中国的石油产业存在着较大的后继性问题。

为了保证中国的经济可持续发展，应在那些拥有丰富自然资源的国家和地区

---

① 杨建清. 中国对外直接投资 理论、实证与战略 [M]. 北京：知识产权出版社，2007.

进行外资的选择上加以考量。放眼全球，亚非拉等几个发展中经济体是值得投资的。其中，尤其是东非和北非几个国家，它们虽然拥有丰富的石油资源，但是由于缺乏足够的资本和勘探能力，所以它们都希望通过与外国的合作，来推动本国经济的快速发展，而中国的石油产业则具有很好的发展前景。

（3）林业

林业资源属于可再生资源，但其产出周期较长，加之中国的森林资源非常缺乏，要想实现对森林的大规模开发，从而从根源上解决森林问题，显然是不现实的。同时，中国也需要大量的外币来购买国外的木材、纸浆和造纸产品。俄罗斯和加拿大等国和东南亚地区都有大量的森林资源，且其内部供应远大于市场需求。中国的企业应当根据国情，在海外进行投资、开采、加工，然后再把这些资源运回来，以满足本国的需求。

2. 高新技术产业

20世纪90年代，随着全球高科技产业的迅速发展，知识经济逐渐进入人类社会。以网络和信息化为主要手段的商品使人类的生产和生活得到了巨大的改善。在高科技发展最快的美国，其产品价值约为国内生产总值的30%，而且其产品价值也与高科技相关。今后，国际间的主要竞争将集中在信息技术、生物技术、电子通讯、新材料，以及汽车技术等方面。中国应该把握好世界范围内的工业重组的机会，加快在技术先进的发达国家建立技术研发中心，增加对行业的投入，使其能够跟上世界发展的步伐，并以此推动我国的技术发展，推动我国的工业发展。

中国某些高科技企业与大型外资企业在技术、研发方面存在着很大的差距，所以，中国高科技企业应该把技术中心和研发中心设在海外，并将其设在海外技术、智能资源较为丰富的区域，或者并购本地的高技术公司，充分发挥先进的高新技术产业的集聚效应、丰富的信息渠道和充足的信息资源的优势，对世界上的科技发展情况保持实时的了解；运用国际上的先进技术，来增强我国高新技术企业的研究和开发能力，从而使其产品的高新技术含量得到提高；借助先进国家的地理位置，不仅可以有效地提升中国高科技企业的国际竞争力，还可以有效地推动我国的高科技产业的快速发展，推动对外直接投资的产业结构向高端转变。

其实，在中国，很多高技术公司都开始走出去，开始在国外进行投资。海尔在北美、欧洲，联想在国外扩张，等等，都是一个很好的例子。中国高技术企业要想得到更大的发展,就必须把更多的研发公司引到海外高技术产业群去。中国加入WTO后,我国高科技公司海外投资的必要性日益突出。在加入WTO后,我国需要放宽对外资的保护性,同时放开我国本土市场,随之而来的是先进国家率先向我国出口高科技产品,如通讯设备、自动化仪器、高端耐用消费品等,中国高科技产业将受到严峻的冲击,中国本土高科技产业将会迎来前所未有的冲击。与其被动地等着国际竞争对手进入市场进行竞争,还不如尽早地走出国门,提前熟悉国际市场,积极地参加竞争,从而提高应变能力。

3. 制造业

中国经济在经历了二十余年的快速发展后,进入了一个相对稳定的发展时期,市场供需格局发生了根本性的改变,商品供应不足的局面基本结束,大量工业产品在国内市场上已经达到了饱和。在目前的经济和社会发展过程中,存在着一个非常显著的问题,那就是由于长时间的单调、重复生产以及产业结构的调整落后,使得中国的制造业产能存在着严重的过剩,同时还存在着很多的资本空余,根据估算,中国的制造业产能空余率超过了40%,但是,有些在我国属于产能过剩的产业,比如机电产品、家用电器、纺织服装等行业,它们拥有成熟的技术、设备,它们的产品技术性能和品质都很稳定,非常符合国外市场尤其是发展中国家的市场需要。另外,由于中国在技术、装备、人力等方面相对低廉,所以在国际市场上有着很大的竞争优势。但受某些国家自身条件的制约,依靠外向型经济发展的空间十分狭窄。在此背景下,中国可以通过外资来激活国有企业的国有资本,并通过外资来实现国有企业的转型升级,从而实现经济的可持续发展。

(1) 纺织服装行业是发展对外直接投资的相对优势产业

中国的纺织品和服装行业历来是我国商品出口的主要行业。但是,近年来中国的纺织品和服装业却出现了一种举步维艰的局面。原因如下:

①与发达国家的贸易限额有关。西方国家借助中美两国间的经贸协定及《多种纤维协议》,对我国出口产品设置了宽泛的限制性条件。

②国际市场容量有限。近年来,全球纺织业和服装业的发展速度都很慢,但供应方面的竞争很激烈。

③中国的外贸产品在出口结构上存在着严重的失衡。我国的纺织服装出口产品主要是一般的中低档产品,而深加工、精加工、高附加值的高端产品相对较少,

技术含量较低。

柬埔寨、毛里求斯、墨西哥等几个发展中国家，虽然按照相关的国际地区组织规则，关于纺织品限额的国际多层次、双边协商的成果，在欧美地区获得了更大的市场份额。但是，由于自身的制造和加工能力相对不足，给中国公司在此设立工厂，以制造和加工各种类型的纺织品和服饰，并将制成品在本地出售或向欧美地区输出带来了机会。因此，要提高中国企业的国际竞争能力，就必须建设一个国际化的制造和加工系统。

（2）机电产品行业

近几年来，机械和电子类产品的出口额一直在增加。我国的电子设备出口规模不断扩大，这表明我国电子设备出口在世界范围内的需求量很大，并且具有很强的国际竞争优势。中国很多电子、电器、摩托车、自行车等机电产品具有与世界先进水平相近的技术，并具有较强的生产能力，在很大程度上满足国内需求的同时，也有很大一部分出口到国外。尤其是在家用电器方面，中国的家用电器产能已经超过了全球25%，并且很多已经进入了规模化经营阶段。但是，因为内需的匮乏，以及出口的限制，很多工业都出现了产能的过剩现象。所以，在构建和发展世界范围内的制造业全球生产系统的过程中，应当看到很多发展中国家和地区仍处在技术结构的低端，相对于发达国家的高科技结构而言，其技术梯度相对较少，中国可以借助其相对优势，将多余的人力、装备向亚非拉等与中国同级别的发展中国家进行迁移，从而使其过剩的产能得以释放，并带动我国的某些相关行业实现升级。当前，中国东南沿海一些经济较好的省份，已经采取了将劳动密集型工业出口海外，以提高本地工业的发展水平，促进了本地工业的升级。因此，未来中国的制造业应该以构建全球化的生产方式为目的，充分利用行业的相对优势，选择适宜的发展中国家开展对外直接投资。

4. 服务业

服务跨国公司具有行业多、范围广、投资规模不受限制、经济规模可大可小、寻求相对收益的特征，这一特征更符合中国企业海外运作的实际情况。在西方发达国家，我们可以考虑将服务产业列为对外投资的重心，建立和发展服务产业的国际制度。20世纪60年代以来，随着世界上各主要发达国家的经济发展，其发展的重点逐渐转移到了服务业上，其所占的就业率和GDP的比例也逐渐增加，同时，其总体上也表现出了由"以工业为主"转变为"以服务为主"的发展态势。中国是一个发展中国家，应该把握好这一机遇，积极参与到服务行业的对外直接投资中来，从而实现本国工业结构的调整和升级。从目前的情况来看，尽管中国在服务领域整体上与西方发达国家相比有所滞后，但是在国际上的项目合同和劳务输出、远洋运输服务、人造卫星发射服务和旅游服务等劳动密集型和资源密集型产业具有相对优势。在服务发达的国家，可以发挥它们的优势，促进中国的服务和其他行业的发展。从服务行业的特征来看，我国的发展状况与我国的发展目的相一致，也与我国的外商直接投资行业的选择相一致。

首先，在中国对外直接投资初期，服务部门的低成本、快速回报的特征，使得它是一个很好的行业选项。其次，以商贸为代表的服务性产业可以成为其他产业的对外直接投资的先导，并起到反向联动的效果。最终，服务业并不需要过多的机器设备等固定资本的投资，而是主要依赖于特定的人能动的经营服务能力以及一定的流动资金，就可以获得比较高的利润和收入。因此，在当今的时代，国际直接投资向服务业集中并倾斜，这已经是一个非常显著的新趋势，而服务业也越来越多地成为海外直接投资的主要行业。

对于中国来说，发展服务行业的对外直接投资也是一项必要的策略。一方面，中国持续扩大对外开放，外资深入中国服务领域，对中国本土服务领域的发展提出了新的要求，同时，中国本土服务领域的发展也离不开本土服务领域的支撑。另一方面，我们也要注意到，发展服务领域的对外直接投资，可以发挥我们的优势，避免我们的劣势，增加我们在世界范围内的收益。

首先，服务部门的有机体资本含量很低，这样就能避免中国缺乏资本的弊端，从而能用更少的钱做更多的事情。其次，发展服务产业，使中国拥有大量的劳动力，从而减轻了内需的压力。最后，由于服务部门在为我们提供了一种可以为我们带来更多增值的物质和更高的中间利润，这也使得我们能够获得更多的外币收益，从而能够更多地享受到世界经济发展带来的好处。中国应该利用世界贸易组织决定开放金融、保险、证券和金融信息等金融市场这一有利条件，大力发展与扶持中国外商直接投资相关的服务业。

5. 传统产业中的特色行业

中国的丝绸、食品、陶瓷、中药等传统工业是凝聚了数千年历史文化与艺术精髓的一大特色行业，它们的产品具有很强的世界性需求。中国应该积极推动上述行业的国际化，并在此过程中，持续强化行业技术革新，提升其产品品质，提升其在全球市场上的竞争能力，促进其国内原材料、制造加工等一系列行业的快速发展。

6. 产业链的选择

伴随着经济全球化和信息技术的快速发展，国际分工的形态已经从产业分工、产品分工转变为全球产业链上不同环节的分工。中国在对外直接投资和参与国际劳动分工过程中，要努力参与和占领高技术含量和高附加值的产业链，以提高自身的比较优势。在由发达国家的跨国公司所支配的世界供应链中，各个国家利用自己的差异性要素，占有具有差异性的产品，由此构成了一种全球性的生产格局。在高增值的制造领域，包含了对新产品的前期开发，关键零部件的制造，和对新产品的营销和售后服务；而处于最底层的是它的劳动密集型的制造环节，它以流水线制造为主，这个环节的增值是最少的，大多数的发展中国家都处在这个低端范围中。

首先，发达国家将其自身已经失去了比较优势的产业，向新兴工业化国家进行了转移，进而向发展中国家进行了转移，以追求成本最低，进而实现国际价值盈余。与此同时，发达国家也可以将大量的资金和技术，用于发展技术和知识密集型产业。但是，发展中国家可以利用这个机会，来接受被转移的产业，并充分利用自己的优势。在发展到一定程度之后，发展中国家可以再一次向产业链下端国家展开梯度转移，进而完成其产业结构的升级和转换。

从另外一个角度来看，发达国家和某些新兴的工业化国家也利用自己的跨国公司来进行资源的分配，利用直接投资和加工贸易来把自己国家的生产要素的优势转变成自己国家的竞争优势。而对于发展中国家来说，通过加工贸易，可以进入到跨国公司的全球产品价值链中的一条或者更多的链条中，从而能够紧跟国际上的产业技术发展的潮流，进而提升本国的总体制造业水平。

中国是一个发展中国家，当它在国外进行投资时，用它这样一个质量很差的因素去参加世界范围内的贸易，那么它就会处在世界范围内产业链的最底层，而且它所得到的也只是相对于其他国家来说的一小部分，它所拥有的资源优势并不会持续下去。当一个国家的经济增长时，它的劳动力成本将不可避免地提高，从而使它的劳动密集型产业向另一个廉价的产业转移。正因为如此，目前日本和美国已将部分原本设在新兴工业发达国家的制造工厂迁往中国。而东盟成员国，如印度、印度尼西亚、泰国，则会成为中国在生产要素上的有力竞争者。

所以，中国在对外直接投资产业的选取上，应该把握好世界范围内产业转移的机会，充分发挥资本、技术、人才和管理等资源在中国的聚集作用，努力抢占具有高技术含量和高附加值的产业链，加速传统产业的产业化和跨越发展，并积极参与到世界范围内的产业体系中去。在大规模引进外国资本的同时，中国还应该培育出一批具有高度技术密集型产业链的跨国企业，实现中国相对优势的动态化，从而推动中国在全球产业分工体系中的位置不断提高。

二、我国企业对外直接投资产业选择的建议

根据发展中国家对外直接投资的综合动因模型分析，如果可以通过产业政策对企业的对外直接投资行为加以引导，既可以实现企业的自身利益，也有利于国家的产业结构升级。为此，中国企业开展对外直接投资时，要考虑正确的产业选择，具体建议有以下四点：

（一）扩大现代服务业的对外直接投资

世界主要发达国家的经济重心都在向服务业转移。中国作为发展中国家，也应在该种国际形势下，积极开展服务业的对外直接投资，优化国内产业结构，实现经济转型升级。目前，中国对外直接投资三大产业占比趋于稳定，第三产业占比最大，这与全球产业变化的总趋势基本一致。但从服务贸易的国际竞争力来看，长年处于巨额贸易逆差地位，充分说明中国服务贸易的产业基础比较薄弱，特别是在现代服务业领域。

当前，云计算、大数据等新一代信息技术迅猛发展，为中国现代服务业的发展创造了更好的技术基础。我们可以通过现代服务业的对外直接投资活动，牢牢抓住这次机遇，加快与新一代技术的相互融合，切实提高中国现代服务业的国际市场竞争力，优化服务产业结构。

（二）扩大对高新技术产业的学习型投资

伴随着新科技革命的深化与发展，高科技产业在全球迅速崛起，并使其成

为一个新的投资热点。在某些发达国家，高科技工业已替代了传统工业，在国民经济中占据了最大的工业部门。我国目前的工业结构水平尚不高，不能一味地把高科技工业当作对外直接投资的主导，但是，中国对外直接投资仍是主导发展方向。

一是基于技术创新和产业升级的理论，提出了发展中国家企业技术能力的提升和对外直接投资的增加之间的内在联系，并指出了对外直接投资能够促进发展中国家的技术创新和积累，从而改善其产业结构，增强其国际竞争力。本书的研究结果对于中国从传统工业到高新技术工业的转移有一定的参考价值。

二是当前世界范围内的竞争在某种意义上体现在高科技工业方面，科技已经是当代经济发展的最重要的推动力量。所以，中国有必要在高科技产业上增加学习性的投入，也就是吸收外国的先进工业技术和管理经验，促进国内工业的升级，创造新的相对优势。这样做对中国有两个益处：一方面，能够更加直观地借鉴国外的先进技术、经营管理经验，紧跟国际技术的发展趋势，并将其传递到我国，使其能够有效地发挥出技术的溢出效应和示范作用，从而推动我国的技术和产业的发展；另一方面，能够对其本国的产业结构进行直接的拉动，也就是从国际生产的需求端或者是从供应端，来促进本国的产业结构的合理化。

当前，中国高科技行业的对外直接投资主要通过两种方式进行：一是在国外建立研发中心。在全球科技创新密集地区设立研发机构，是获得新技术、提升国内企业科技实力的一个重要途径。例如，海尔已分别在美国与德国成立研究与技术转移公司，并分别于美国洛杉矶及"硅谷"、法国里昂、荷兰阿姆斯特丹，以及加拿大蒙特利尔等地，分别成立六家公司，即由国外的发展，推动本国产品技术提升，并提升其出口市场的竞争能力。[1] 二是对高科技公司的跨国收购。通过对国外先进企业的并购，中国能够迅速地获取他们的技术，从而提升自己的技术实力，推动中国的产业升级。

（三）扩大对产能过剩产业的投资

国际产能合作是基于国内产能过剩提出的。产能过剩是指，企业生产能力和

---

[1] 国际化的海尔[EB/OL]. 人民网，http://www.people.com.cn/CB/channel3/23/20000802/169449.html.

市场容量之间的矛盾，当前者大于后者就会出现产能过剩的现象。如果这种状况普遍存在于各个产业，就会出现产业面的产能过剩，将严重影响一国经济的持续发展。目前，中国多产业都存在产能过剩的情况，导致技术利用率低、产品积压等问题，解决该问题的主要途径就是加大对产能过剩产业的对外直接投资。中国产能过剩的产业一般是具有比较优势的产业，在国际市场具有较强的竞争力或占据市场份额较大，该产业的对外直接投资一般相对容易获得成功。中国与经济不够发达的发展中国家在发展层次、产业结构和市场需求等方面都存在一定的互补性，与一些国家开展国际投资合作存在巨大发展空间。中国应该加大和这个国家开展国际产能合作方面的谈判力度，一方面，可以转移中国过剩产能，实现国内产业升级；另一方面，可以提升东道国的工业化水平，推动其经济发展。

（四）关注资源开发业

资源开发业仍将是中国对外直接投资的重要领域，其主要原因是这类投资对解决国家发展中的"瓶颈"——能源短缺问题具有重要意义。在资源短缺的情况下，开展资源开发型的外商直接投资，能够减轻资源供应短缺的状况，使我们的资源占有程度得到较大的提升。所以，为了经济持续稳定发展，必须保证资源供应的稳定性。通过对资源较丰富国家的直接投资，在国际市场上，建立一个稳定的供给中心，既能减少资源在国际市场上流通所需的交易费用，又能避免资源在国际市场上价格的剧烈波动。

第三节 中国企业对外直接投资——方式选择

如何选择合适的外商直接投资途径，是保证外商直接投资顺利进行的一个重要环节。外商直接投资的方法可以概括为两种：一是收购本地公司，二是创办新公司；如果按照对股东的参与程度来看，它可以被划分为两种类型，一种是创建独资企业，另一种是组建合资企业。中国跨国公司在实施对外直接投资策略时，需要综合考虑公司内外条件，综合考量不同路径的优势与劣势，并综合考虑所处地域与产业的特征，作出恰当的决策。

一、我国企业对外直接投资的方式

（一）海外并购

海外并购是一种对外直接投资方式，它是一种通过收购别国企业的股份，从而获得对该企业的所有权和运营管理权，并将其直接引入到自己的经营组织体系中。20世纪90年代后，对东道国的并购已经成为跨国公司对外直接投资的一种重要形式。

并购具有以下优点：

（1）投资者能够大大地减少工程的建设与投资时间，从而快速地进入目标市场。

（2）能够以更低廉的价格投入到新产业中去。因为并购并不会为要进入的产业添加新的产能，所以在短时间之内，也不会造成该产业中的供需不平衡，因此降低了进入的壁垒，尤其是当目标公司遇到困难的时候，还能以更低的价格进行并购。

（3）可以轻松地获取到现有的运营资源，比如：原有企业的技术、管理、市场网络、信息及人才等，从而可以轻松获取竞争优势，并实现经营本土化。

（4）相对于新成立的公司来说，它能极大地减少不确定因素和投资风险。

（5）能够快速提升公司的规模效益，扩展公司的产品品种和业务范围，从而获取被并购公司的市场份额。

然而，并购也存在着一定的缺陷，具体表现为：

（1）并购需要一次就有大量的外汇现金进行投资，但是不能用机器设备、原材料等资本品和技术折价进行投资，这对外汇资金不充足的企业来说，是个很大的制约。

（2）并购公司与被并购公司在经营理念、管理体制、管理方式等方面都有很大不同，如果经营管理不当，控制效果不佳，就很可能导致并购公司的经营失败。

（3）被收购企业的产品、工艺、技术、规模和地理位置都不一定符合该企业的经营战略和经营经验，若该企业在经营调节方面没有足够的实力，将会阻碍该企业未来的发展。

（4）对被并购公司进行资产评价是一项既繁琐又困难的工作。

（二）新建企业

所谓"新建"，就是利用外商直接投资，在海外目标市场上建立新的企业、新的厂房、新的生产经营单元、新的生产能力。

新建企业的特征是：由外商投资企业单独开展项目的策划、建设以及企业的运营、管理和运作。所以，这种新方法的一个明显优势就是，投资人可以更好地控制自己的风险，而对自己的掌控却很少。与并购方法比较，新建方法最显著的不足之处在于，它要做很多筹备工作，因此，它的进度缓慢，时间很长，而且具有很高的投资风险。

（三）独资经营企业

跨国企业在境外成立的独资经营企业，是按照所在国的法律，在所在国成立的一家企业，其经营方式包括：

（1）海外分公司，指的是不具备法人资格的、所有权属于母公司的分支机构，也就是代表母公司在东道国进行各种业务活动的非独立经营单位。

（2）所谓的独资子公司，就是指由跨国公司在所在国出资设立的一个具有独立法人资格的子公司。

通过建立一家独资经营公司，可以让母公司拥有完全的所有权，并将所有的收益都归属于母公司，从而在利益和目标等方面，可以避免与合营公司发生矛盾；能够防止合资企业对我公司的技术和商业机密有更多的了解，更好地维护我公司的技术、管理和知识产权；能保证子公司按照母公司的统一战略目标运作，执行母公司的方针。

其最大的缺陷在于，通过此项投资模式，其在进入世界市场时，所需的资本更多，风险更高，且受东道国政府的制约，难以取得本地公司的配合。

（四）合资经营企业

在境外建立合资经营企业，是指由两个或多个国家或地区的投资者共同出资，成立一家拥有法人资格的企业。它的主要特征是出资人共同经营，共同承担损益和风险。

组建合资经营企业具有以下优势：

（1）在合资企业中与东道国的投资人进行合资经营，能够得到地方政府以及合资企业的大力扶持和配合。

（2）能更好地发挥本地的资源，更好地获取本地的市场资料，以及合资公司的技术、经营等方面的经验。

（3）有利于发挥本地资金、合资企业营销网络、市场声望及东道国各项优惠政策等优势，降低进入壁垒，降低风险。

（4）有利于降低投资者的投资金额。

合资企业的不利因素主要包括：

（1）对于新加入的公司来说，不太有利，特别是在双方的利益目标不一致的情况下，可能会导致公司的日常决策和经营活动中的矛盾。

（2）在内部和外部销售比例、利益分配、转让价格、人员任命等问题上容易出现冲突，冲突的加剧将会降低合资公司的运营效益，使合资公司解散。

（3）对具有技术上的优越性的外商投资公司，更易于泄漏技术机密及其他商业机密。

二、我国企业对外直接投资进入方式的选择

（一）海外并购与新建企业方式的选择

在进行外商直接投资的时候，应该结合所处的内外条件，综合考虑并购与新建两种方式的优劣，作出合理的决策。

总体而言，影响跨国公司在海外投资模式选择的内在因素包括：

（1）企业特有资源。跨国公司具有独特的技术优势和垄断的产业产权优势，可以通过建立新的公司来实现对跨国公司的直接投资。

（2）跨国投资的经营和管理经验。因为与新建方式相比，收购方式相对要容易一些，而且风险也比较低，所以对于缺乏国际化经营管理经验的公司而言，采用并购方式进行对外直接投资更加安全。

（3）企业的国际化策略。比如，使用了多角化经营战略的企业，因为企业的经营战略是相对分散的。因此，假如采取并购的方式，通常能够将原有企业的

营销网络、客户关系等经营资源充分地发挥出来，从而能够更快地在国外进行拓展。

（4）企业的成长状况。成长速度快、增长率高的跨国企业与历史长、增长率低的跨国企业相比，一般都更愿意采用并购的方法，以便能够在最短的时间内，满足跨国企业快速发展和对资源、信息、市场和规模的需要。

从降低进入壁垒和风险，加快进入速度，以及尽快获取稀缺的资源等方面，并购对于很多中国公司而言，都是比较有利的，尤其是在进入高科技和高投资壁垒的发达地区时，并购会比较有成效。在一般情况下，当外商独资公司拥有充足的外汇储备，对跨国经营非常熟悉，并且在进入发达国家市场的时候，采取并购模式通常是最佳的选择。反之，当一个公司的外汇资金很少，但又具有制造技术的优势时，就会选择用技术、机器设备、原材料、工业产权等来进行投资。尤其是在对技术和运营水平都比我们低的发展中国家进行投资时，采取新的模式更具优势。另外，当跨国投资的目的是按照进入公司的战略目的和运作模式来进行跨国开发与控制时，也可以采取新的模式。

影响跨国公司投资模式选择的外在因素包括：

（1）关于东道国政府对外资公司并购的监管。通常情况下，国家政府都会更欢迎外国公司在自己国家建立新的企业，但是对于外国公司收购自己国家的公司，却会有不同程度的限制。例如，运用反垄断法来对企业并购进行规制。在这样的条件下，一般都是通过建立新的企业来实现的。

（2）东道国的经济发展与工业化水平。国外已有的公司，其技术水平和经营管理体制与跨国公司的发展需求相适应，因此，并购后的公司可以更快地进入目标市场。所以，可以更多地通过并购的方式进入发达国家。而在工业发展水平不高的国家和地区，则适宜采取新的发展模式。

（3）东道国市场和母国市场的增长情况。在快速发展的东道国市场上，收购已有公司的做法更为常见，这是由于收购可以快速地进入一个市场，从而有助于快速地占领一个目标市场；但是，如果本国的市场发展速度很快，那么它就会吸引技术和管理人员等，所以通过并购的方法，可以在一定程度上弥补技术和管理人员的短缺。

（二）独资经营与合资经营的选择

不管是在海外并购，还是建立新的企业，在进行对外直接投资时，都存在着一个资金投入的比重问题。也就是，对跨国公司而言，他们都面对着对境外子公司拥有多大份额的所有权与控制权的选择问题。

对股权参与方式的影响，主要表现在以下几点：

（1）跨国企业所具有的实力和优势。大型跨国企业在技术、产品和营销网络等方面都有一定优势，通常都是以其独资的方式来进行经营；相反，对股权的需求则没有那么强烈。

（2）公司实施控制的紧密度。执行全球战略的跨国公司，从总体利益最大化的目的角度来看，需要对子公司进行有效的控制，所以他们更愿意建立独资子公司或拥有50%以上的合资子公司。

（3）成本与收益。由于股东持股方式的差异，使得不同股东持股方式的公司产生的经营费用和收入差异较大，因此，在核算费用和收入时所采用的计量标准和方法也是各不相同的。在预期利润较高的情况下，可以采取一家公司的形式；若期望收益不高，而又不能克服所冒的风险，可以考虑建立合资企业来分散风险。

（4）公司的最高决策者的偏好。不同政策制定者的偏好对股东出资方式的选择也有一定的影响。根据数据表明，在美国，跨国企业的政策制定者们更加注重对企业进行监管和控制，他们将独资经营看作是实施其全球化策略的一种方式，因此他们大都采用了独资子公司的方式；在日本的跨国企业中，决策者们更加重视人际关系，在他们看来，通过合资经营，可以使他们与本地各方的关系更加和谐，能够共同渡过难关，所以他们更喜欢采取这种合作模式。

（5）本地合伙人是否合适。若跨国企业与本地合作伙伴具有相同的运作目的、具有互补关系及其他有利条件，那么采用合资企业模式会更有利，在没有合适的本地合作伙伴的情况下，采取一家公司经营的方式会更好。

（6）东道主国家的法律和政策。东道国的法律和政策对跨国公司来说是无法掌控的，只有顺应才能改变。比如，在东道国的立法中，对于外资股东在子公司中所占股份的比重作出了一定的限制，与所有权转让、外汇管理、关税和税收、利润汇回等相关的立法，这些都会对跨国公司在东道国的持股方式产生一定的影响。

目前，我国的海外直接投资还处于初期阶段，在技术、资本、国际经营经验等方面，并不具有与发达国家大型跨国公司对抗的优势，而且中小企业在其中所占据的比例也很大。对外直接投资以保障原料供应，占领市场，获得先进技术和经验为目的，投资方向以技术相对成熟的劳动密集型制造业为主。所以，采取合资企业可以利用自身的一些优点，降低市场准入壁垒。然而，在采取合资经营模式时，必须充分认识到存在的困难与问题。在采取合资模式进行投资前，必须仔细地挑选合适的合作对象，仔细地研究并评价合作方的资信、经营目的、资源等方面，要对其存在的各种矛盾作出全面的判断，并在合资企业中对各种矛盾作出清晰的界定，并制定出相应的解决方案。

最后，应当注意到，合资方式分为两种：一种是控股型合资，另一种是非控股型合资。总体上，无论是独资或合资企业，或持股类型都保持不变。我们能在特定的环境下，在特定的时间内，对公司的经营策略进行弹性的调整。

三、我国企业对外直接投资方式的选择策略

（一）关注企业自身的特点

企业的技术优势、国际化经营能力都会影响企业对外直接投资的方式选择。选择对外直接投资的方式，需要遵循科学的思路，分析企业的异质性，审时度势，因地制宜，选取最适合企业的投资方式。

1. 综合考虑企业的技术水平

一般而言，如果企业是出于寻求技术的动机而进行对外直接投资，且企业自身技术水平相对较低，则大多采用跨国并购的方式。中国企业的技术水平往往与发达国家企业之间存在一定差距，缺乏核心技术优势，此时，为了获取先进技术和创新能力，中国企业应该选择跨国并购的投资方式，学习被并购企业的先进技术，整合优质的资源，才能在国际上建立竞争优势。

如果企业的技术水平较高，一般选择"绿地"投资的方式进行对外直接投资。

戴维森和苏瑞通过分析表明,生产率高、拥有较高技术水平的企业大多数选择"绿地"投资。因为"绿地"投资使企业能更有效地发挥其独有的技术优势,避免并购带来的整合困扰和技术转让成本。

部分中国高科技企业长期以来对技术研究和开发投入了大量人力和资金,申请了一大批新的专利许可,掌握了一些领先的核心科技。这一类企业在进行对外直接投资时,可以考虑采取"绿地"投资的方式,既保护企业的知识产权,又提高对经营利润的控制权,利用自身技术优势获取较高的投资回报。

2.客观评价企业的跨国经营能力

一般来说,如果企业的跨国经营能力较强,应该采用跨国并购的方式进行对外直接投资。中国企业准备开展对外直接投资之前,需要全面评价自身的跨国经营能力。若企业能够充分地在国家之间转移知识与整合资源,从容地应对国家间文化与组织间文化的差异,以及通过内部化来实现比外部市场更有效的价值转移,就可以采用跨国并购的方式进行海外直接投资。相反,如果企业跨国经营的经验和能力较为欠缺,一般多采用"绿地"投资的方式进行对外直接投资。因为"绿地"投资不会经常受到东道国政策的限制,投资涉及的利益相关方较少,对企业的管理和控制相对容易。目前,由于大多数中小型民营企业缺乏跨国经营的经验,海外投资存在较大的不确定性,可以先通过"绿地"投资熟悉东道国的投资环境,逐步积累国际化运营经验,增强跨国经营能力。

(二)知晓投资产业的特点

产业竞争状况和需求变化,都会影响企业对外直接投资的方式选择。如果东道国的目标产业已处于竞争激烈的发展阶段,企业通过"绿地"投资的方式进入东道国市场,相当于增加了企业数量,加剧了市场竞争,而且,中国企业此前并不十分了解当地消费者的偏好,很难迅速适应市场。此时,"绿地"投资的风险很高。面对市场集中度低、企业数量众多,市场趋近饱和的产业,中国企业应该选择跨国并购的投资方式,利用被并购企业的经验基础获得市场的一席之地。相反,根据拉里莫(Larimo)的观点,如果目标产业正处在起步阶段,东道国在该产业内的企业数量较少,竞争程度较弱,利润空间和发展潜力都较大,中国企业应该选择"绿地"投资的方式进入市场，建立市场地位，获取更多利润。如一些发展中国家的高科技产业尚未发展成熟，有巨大的市场可供挖掘，中国企业可向这些产业进行"绿地"投资。

另外，如果产业的需求变化较频繁，产品更新换代快，如时尚服装、娱乐业和游戏业，贸然进行"绿地"投资将无法跟上产业需求变化的步伐，容易被市场淘汰。对于这些产业，中国企业应选择跨国并购的方式投资，通过与被并购企业的联系和整合，在瞬息万变的市场中立于不败之地。同时，如果产业的需求是偏刚性的，例如农业等与消费者生活必需品相关的产业，一般市场需求较大且稳定，中国企业应选择"绿地"投资的方式对这些产业进行投资。

（三）了解东道国的经济制度环境

东道国金融市场发展水平和制度环境对企业选择对外直接投资方式有较大影响。企业除了要全面意识到自身的优劣势和行业特点之外，还必须尽可能多地掌握东道国的社会经济状况，通过官方的信息、渠道了解被收购的企业或者合作企业，预估风险、权衡利弊之后选择最合适的投资方式。

1. 了解东道国政府的引资政策

中国企业在对东道国进行前期调研时，要特别关注中国与该国的外交关系、国际政治时局的变化、法律的具体规定和经营许可条件的设置等问题。尤其在基础能源等公共品行业投资时，要与东道国政府做好沟通，先预估收益、获取审批，再按照反垄断法、经营许可权等规定妥当选择"绿地"投资或是跨国并购。

2. 深入分析东道国的金融市场与制度环境

人民币国际化的进程加快，中国在全球金融体制中的话语权增强，这都为中国企业开展跨国投资活动提供了许多便利。但企业也需分析东道国的金融市场发展水平，在选择对外直接投资方式时，要全面考虑投资的支付方式和融资风险，金融市场发展水平越高，跨国并购越有利。发达国家的金融市场发展起步早，各项监管措施较为健全，金融危机爆发之后，各国更加重视控制市场风险。所以，投资流向发达国家时，中国企业可以优先选择跨国并购的投资方式。而且，在选择并购时机时，可通过研究市场股价走势，对目标企业进行合理估值，在目标企业价值被市场低估时收购，降低投资成本。当投资流向发展中国家时，由于发展中国家的金融市场发展水平相对较低，中国企业应该对跨国并购持更谨慎的态度，优先考虑"绿地"投资。

第五章　中国企业对外直接投资的风险与防范措施

本章的主要内容是中国企业对外直接投资的风险与防范措施，分别从两个方面进行相关论述，依次是中国企业对外直接投资的风险、中国企业对外直接投资的风险防范措施。

第一节　中国企业对外直接投资的风险

一、政治风险

政治风险是国家风险中最重要的一类风险。斯特芬．H.罗伯克（Stenfan H. Robock）在其发表的一篇论文《政治风险：识别与评估》中，将政治风险定义为："东道国政府主权行为导致外国企业价值减少；随时可能发生的潜在可能性。"[1] 由于政治风险属于非市场性的不确定性因素，一旦发生，将会直接影响对外直接投资企业的战略目标及其国际化运营活动。根据中国与全球化智库的分析报告：近十年间，我国海外投资的失败案例数量日益增多，其中，因为政治风险导致对外投资失败的案例数居然高达25%。[2]

我国企业在对外进行投资的过程中会面临来自各方的政治风险，这主要包括

---

[1] 张萍.中国企业对外投资的政治风险及管理研究[M].北京：上海社会科学院出版社，2012.

[2] 王辉耀，孙玉红，苗绿.中国企业全球化报告（2015）[M].北京：社会科学文献出版社，2015.

政局变动风险与部分情绪导致的对外投资风险等。而投资过程中受到政局变动风险的影响极大，需要企业给予足够的风险预防措施，此外，部分国家存在着发生革命的可能，企业投资后将面临转型等多方面的政治风险，甚至会因自身固定资产流动性差等原因而受到较大的影响。相比之下，发达国家的市场机制更为完善，但在这些市场中，我国在与发达国家企业的竞争中并不具备优势。因政治风险影响，我国对外投资量已呈下降趋势，具体如表5-1-1所示。

表5-1-1 2019-2021年国内企业对外投资流量[①]

年份	金额（万美元）	同年增长比例（%）
2019	1582.9	-19.3
2020	1430.4	-9.6
2021	1369.1	-4.3

另一方面，部分国家因自身客观因素影响，并未形成适用且健全的法制体系，国内相关政策的调整存在很大变数，并且存在着投资协议变更的可能性，我国在以往的投资过程中因此类情况承受了不小的损失，这类情况都将导致中国企业在部分国家无法实现投资合理化与投资有效化，这将加剧我国企业对外投资的风险。

二、安全审查风险

国家安全审查是指，一国政府为了对外国资本进行有效的监督管理，由相关部门对跨境交易中可能威胁到国家安全的因素进行审查，进而决定外资能否进入。

近年来，中国企业在西方国家的跨国并购项目受到更严格的国家安全审查，很多跨国并购活动因此频频遇阻甚至被迫叫停。随着贸易保护主义的日益加重，从某种意义上说，东道国的"国家安全审查"客观上已限制了外国投资。目前，已有多起中资企业收购美国公司的交易未能获得美国外国投资委员会（CFIUS）的批准。

国家安全审查既给中国企业对外直接投资设置了较高的限制，也会增加中国企业跨国并购的经济成本。由于针对中国企业的国家安全审查越来越多，为了防

---

① 数据来源：中国对外直接投资统计公报

止并购产生的风险，外国合作方一般会要求中国企业承担昂贵的费用，一旦并购因为国家安全审查没有通过，中方必须缴纳一定费用给对方。同时，为了确保自身利益，外方一般还会要求中方为此费用提供银行保函或现金保证。随着美国、欧盟、澳大利亚等发达国家和地区投资安全审查不断升级，中国企业的对外直接投资风险无疑会大大增加。

三、合规风险

随着中国企业"走出去"数量的增加，所面临的海外经营合规风险呈现上升趋势，从世界银行的黑名单中可以发现，被列入的中国企业和个人在逐年增加。因此，合规经营已成为中国企业对外直接投资必须面对的首要问题。

合规风险是指，企业因没有遵循法律、法规和准则而可能遭受法律制裁、监管处罚、重大财务损失和声誉损失的风险。其包含以下三层含义：

一是遵守法规，包括国际规则，以及母国和东道国双方的法律法规。

二是遵守规章制度，包括企业自己建立的各项规章制度。

三是遵守规范，主要是指企业的职业操守和道德规范。

四、知识产权方面的法律风险

在中国企业对外直接投资过程中，知识产权是非常重要的无形资产，更是开拓海外市场的核心竞争力。企业的品牌、专利、商业秘密、版权等都是企业赖以生存、长远发展、走向国际市场的基础。与此同时，中国企业也必将面临海外陌生知识产权法律环境带来的风险。如果不给予足够重视，这些知识产权法律风险同样会给企业的海外发展埋下重大隐患，甚至可能给企业带来致命打击。

知识产权法律风险主要是指，违反东道国参与制定的国际公约以及东道国知识产权的保护范围、权限和审查标准、程序等方面的法律法规。目前，中国企业遭遇知识产权法律风险主要表现在两方面：

一是中国企业在海外知识产权的保护力度不足。主要表现在中国企业在海外申请专利的数量偏少以及知名品牌对海外注册的重视不够。正是由于中国企业对知识产权保护意识普遍比较淡薄，中国企业在进行对外直接投资时屡屡出现商标在海外被抢注的情况，最终导致这些企业计划进入其他国家市场时，需要通过漫长的司法程序或向商标注册者缴纳高额商标使用费的方式重新获得商标,这大大增加了商品的成本。

二是中国企业对外直接投资频繁遭遇国外企业的知识产权侵权诉讼。西方国家由于法治化程度较高,企业的法律意识也更为突出,从而在其与中国企业展开角逐时总会伺机以知识产权保护法为武器与中国企业展开较量。知识产权纠纷,在中国企业对外直接投资过程中一直时有发生,因此,企业应当做好相关风险的规避,提前做好知识产权布局,加大知识产权保护。

五、财务风险

企业对外投资中所面临的财务风险主要是指投资所在国家或地区的经济发展不够稳定,对投资项目所造成的经济波动问题。当前,我国直接对外投资的大部分国家和地区经济环境较为稳定,但也不乏少数国家和地区经济结构单一、市场要素不够丰富、产业链不完整,进而影响我国对外投资效益,而且地区经济发展的不稳定还可能对一系列产业发展造成阻碍,影响我国对外投资项目的预期效果。此外,国外地区经济发展不稳定会导致投资汇率波动,这不仅会影响汇兑收益,同时还有可能影响地区经济的稳定性,导致投资项目面临经营失败等多重困境。

六、外汇风险

在诸多经济风险中,外汇风险对投资效果的影响最为深远。在国际货币形势复杂多变的影响下,汇率波动性进一步提高,汇率风险进一步凸显,投资项目的成本与收益在这一因素影响下变动的可能性也被进一步提高,这极有可能对最终的投资效果产生影响。

为尽可能减小汇率波动的影响,我国与部分国家构建起了固定汇率机制,这虽然在一定程度上避免了与汇率浮动国家交易产生较大交易风险的可能,弱化了出现货币风险,但因部分固定汇率国家的货币贬值导致我国的汇率风险仍持续存在,并且汇率浮动极有可能造成一定量的财务损失,财务损失将会直接产生于对外投资主体之上。当汇率出现变动后,企业的境内外资产会出现一定的损失,避免外汇风险需要对此类损失加以适当规避,从而为自身的长远发展提供较为合理与有效的保障。

七、环境风险

随着世界环保形势和人类认知的改变，环境风险在国家风险各要素中所占的权重不断提升。现阶段，中国正处于对外直接投资的快速扩张期，一大批资本充裕、技术实力雄厚的企业走出国门，布局全球市场。然而，在实践中，却有许多中国企业在东道国遭遇环境风险导致损失惨重。

环境风险是指，跨国企业在东道国投资经营过程中，因环境保护问题，遭遇东道国政府的环境规制以及其他相关的衍生风险，给企业经营造成严重损失。[①] 中国企业对外直接投资环境风险频发的主要原因有以下几点：

一是企业环保意识淡薄。中国部分企业对外直接投资时由于自身环保意识不强，缺乏社会责任感，在国外的分支机构中既没有建立相应的环境管理制度，也没有设立相应的环境管理部门，从而导致项目一旦碰到环境问题就难以顺利开展投资活动。

二是政府监管力度不大。例如中国商务部制定的《对外投资合作环境保护指南》，主要用于规范中国企业对外直接投资时应该注意采用的环境保护行为，但由于该文件不具有强制性，所以，对于对外直接投资企业违反环境保护等行为的监管力度较弱。

三是投资行业和投资地区极易引发环境风险。首先，从我国对外直接投资的产业分布来看，中国对外直接投资具有较强的资源导向性，主要集中在采矿业、制造业、伐木业等污染密集型产业。由于这些产业的投资非常容易引发环境问题，往往会遭到东道国政府采取环境规制措施，给企业带来巨大风险。其次，从投资地区分布来看，中国企业近年来对外投资的区位主要分布在亚洲、拉丁美洲、非洲和大洋洲等地区。这些地区中大部分为发展中国家，一些国家的生态环境比较脆弱，环境保护能力欠缺，从而容易产生环境问题。另外，很多发展中国家还处于环境法律和监管体系的探索完善阶段，存在监管不力、执法不严等问题，导致一些环境问题在投资进入阶段没有被充分认识，经过一段时间的运营后，矛盾逐渐显现，这个阶段环境问题往往已经处于比较严重的状态。

[①] 中债资信评估有限责任公司等. 中国对外直接投资与国家风险报告（2017）[M]. 北京：社会科学文献出版社，2017.

八、金融市场风险

我国企业在境外投资过程中,往往会与部分国外金融机构合作,必然会涉及金融交易与投资工具的使用,这都会加剧投资受到金融风险影响的可能性,因此构建合理的资本定价模型,对于规避系统性市场风险具有重要价值。因为金融衍生品无法单一获取优势,其中会伴随着投机性,难以根据期权交易的相关要求形成合理的资金保障,并且有可能因金融变化的原因导致企业出现大量亏损甚至是破产的情况,巴林银行的倒闭便是因金融市场风险增大产生衍生品交易风险,导致银行入不敷出,最终破产倒闭。

九、劳工风险

近年来,中国企业在对外直接投资中曾多次遭遇劳资纠纷问题。由于不同国家的劳工政策、法律存在较大差异,而企业一般较少对东道国的这些政策法规进行深入研究,也缺乏相应的经验。因此,一旦遇到此类问题,企业往往无法采取合适的应对措施,从而导致遭受重大损失。一般来说,对外直接投资企业遭遇劳工风险主要表现在以下两方面:

(一)用工制度

在用工制度上,东道国对于员工的雇用方式、保险和福利、工作时间、最低工资标准、加班制度等方面都有相应要求。泰国的《劳工保护法》规定,雇主须向雇工公布正常工作时间,列明雇工的每天上班时间和下班时间,按照法律规定不超出该类工作的工作时间,基本上每天工作应不超过 8 个工时,每周累计不应超过 48 个工时。[①] 此外,该法还明确了泰国劳工的法定工作时间、休假制度、超过最高工作时间企业必须付给雇员补偿金,以及补偿金的支付标准等。这些因素都影响对外直接投资时人工成本的测算。

(二)解雇裁员

世界各国在裁员问题上看法各不相同,导致各国对于劳工解除及裁员的条件、程序和经济补偿的内容差异较大。有些国家对于解雇的法律要求较为宽松,如美

---

① 商务部官网. http://th.mofcom.gov.cn/article/ddfg/qita/201806/20180602755069.shtml.

国、巴西等实行自由雇用制，而印度、澳大利亚、赞比亚等国对于解雇则有更为严格的规定。企业如果不了解当地劳工政策和相关法律，在裁员问题上没有采取妥善的处理措施，往往会面临高昂的企业裁员成本。

第二节　中国企业对外直接投资的风险防范措施

随着中国企业对外直接投资的迅速发展，其面临的投资风险日益凸显。在很多情形之下，企业跨国经营过程中所面临的政治风险、法律风险、劳工风险、环境风险等是相互联系、相互作用的，对企业带来极大危害。因此，中国企业在跨国经营过程中必须大幅提升风险管理与防范意识，构建系统、全面的风险防控体系，以尽可能降低风险事件发生的概率，促进中国企业对外直接投资持续、稳健发展。具体来说，中国企业应该重点从以下四个方面提升对外投资风险防范能力：

一、完善对外直接投资风险防范机制

（一）健全风险信息收集机制、传递机制与处理机制

企业对风险信息的有效获取，关系到对外直接投资风险预警机制能否有效运行，因此，企业应该健全风险信息的收集机制、传递机制与处理机制。该机制应具备以下两个条件：

第一，风险信息真实可靠。企业只有在确保风险信息来源权威的基础上，才能够对于对外直接投资风险作出恰当的评估。企业应当充分收集政府投资主管部门公布的国别投资环境评估报告，以及专业服务机构、境外商会、各类行业协会等公共信息平台所提供的风险信息，提高及时获取对外直接投资风险信息的能力。

第二，对外直接投资风险信息传递渠道畅通。企业在收集风险信息后，需要对其进行传递和处理以启动预警机制，包括原始资料和警情预报的传递和处理。企业应当熟练运用计算机网络技术来进行风险监测、数据记录与处理，保证风险信息传递的速度与质量。

（二）建立合理的风险评估预警体系

中国企业针对对外直接投资风险的规避策略，应该以事前防范为主、事后补救为辅，构建科学、合理的风险评估预警体系，这是防范对外直接投资风险的有效措施。风险评估预警体系的构建应该注重以下三个方面的问题：

首先，企业要建立专门的风险评估与预警管理部门，负责对国外重大利益相关方进行实时跟踪，并在此基础上进行评估和预测，建立投资风险预警机制。

其次，企业风险识别和评估要以客观性与最大相关性为原则。客观性原则一方面是指，企业要以科学的方法和技术整合风险信息，以客观、权威的风险信息为企业最直接、最重要的决策依据。另一方面是指，风险评估应该采用客观的深度量化分析方法，避免风险程度衡量的主观随意性。最大相关性原则是指，企业在进行对外直接投资风险评估时，要细致分析各类风险发生的概率，以及对企业的危害程度，识别出与企业对外直接投资相关性较大的风险，进而对这些风险进行重点监控与重点预防。

最后，企业需要强化风险预警反馈机制，并对直接投资风险预警指标体系进行动态调整。企业在获取风险预警情报后，应采取相应的风险管理措施，并将这些风险管理措施的实施效果及时反馈到风险预警指标体系，根据实施效果的量化统计与经验积累，对风险预警指标体系进行适当调整，从而提高风险预警的有效性。

（三）有效利用双边投资协定与多边投资担保机构

中国企业在对外直接投资过程中遭遇政治风险、法律风险等非商业风险时，由于这些风险通常影响范围较大，企业很难依靠自身力量进行抵御，此时，对于企业来说，更为有效的风险应对途径是寻求国际层面的救济，特别是双边投资协定（BIT）和《多边投资担保机构公约》（MIGA 公约）。

双边投资协定（BIT）是两个国家（地区）间为促进和保护投资所签订的一种双边协定，是国际上最重要的投资保护工具与投资促进工具。但是，中国企业在对外直接投资时普遍不善于利用这些协定为自身提供保障，导致中国企业在对外直接投资面临风险或者争端时得不到有效救济。

中国对外直接投资企业应该改变这种被动局面，增强主动性与保护自身权益的意识。首先，中国企业应该熟悉中国与东道国之间的双边投资协定条文，并且，据此在谈判过程中向东道国表明它应尽的法律义务；其次，企业可以利用双边投资协定防范东道国没收风险或者国有化等风险；最后，企业要善于利用该协定解决国际投资争端和冲突，并寻求相应的损失赔偿。

多边投资担保机构（MIGA）的宗旨是向投资者和贷款者提供政治风险担保，中国已是《多边投资担保机构公约》的成员国，中国对外直接投资企业可以充分利用其项下的投资保险，作为中国国内对外直接投资保险制度的补充。企业应当熟知该保险的程序和投保要求，善于利用《多边投资担保机构公约》规避投资风险，提升企业对外直接投资活动的安全系数。除了保险之外，中国企业还可以有效地利用MIGA调解投资争端、提供投资项目对东道国环境和社会影响的专业评估、提供关于发展中国家投资机会及发展条件的信息服务等功能。另外，MIGA的宗旨是，促进外国资本流向发展中国家。因此，只有向发展中国家会员国的跨国投资，才有资格向多边投资担保机构申请投保。[1] 因此，我国在与尚未签订双边投资协定的发展中国家进行对外直接投资时，应该尤其重视运用该公约所设立的规则，作为双边投资争端协调的保障。

二、强化合规经营

合规风险是中国企业对外直接投资所面临的最重要的非商业风险。目前，中国对外直接投资企业面临的合规风险呈上升趋势，这显然不利于中国企业在海外的可持续发展。因此，中国进行对外直接投资的企业应该高度重视合规风险，加强合规经营意识，并从以下几个方面优化相应的合规风险防范措施：

（一）强化合规经营意识

中国部分企业对外直接投资面临的合规风险的一大重要原因在于，一些企业缺乏合规经营意识，没有充分认识到合规经营对企业在海外生存、发展的重要意义。企业树立合规经营意识要认识到以下三个事实：

首先，合规正成为引领跨国公司竞争的新规则。当今时代的全球跨国公司除了通过在全世界范围内布局其价值链、整合全球优势资源来获取竞争优势以外，

---

[1] 莫世健. 国际经济法 [M]. 北京：中国政法大学出版社，2014.

更加注重提高企业的竞争软实力，建立以企业社会责任与合规经营为导向的现代商业文明意识也更加强烈。因此，面对全球跨国公司合规经营的潮流，一些中国企业需要进一步加强合规经营意识，规范自身经营行为，形成企业合规文化，这样才能在企业全球化发展中获得竞争优势。

其次，获得当地合法性是企业跨国经营的必要前提。一些原本存在合规性问题的中国对外直接投资企业，在东道国要通过合规经营获得合法性之后，才会获得东道国政府、非政府组织、工会、媒体等的信任，从而在东道国获得立足之地，并取得长远发展。

最后，合规经营能够有效地提升中国企业形象。中国企业对外直接投资不仅需要关注自身的发展，通过合规经营在东道国树立良好的企业形象，更要有大局意识和整体意识，认识到企业形象既代表着国家形象，又服务于中国对外开放与和平发展。

（二）健全合规管理体系

1. 深入研究企业合规风险

中国对外直接投资企业应该对跨国经营中合规风险大的地区、业务领域、业务部门和业务环节进行深入调查研究。例如，合规风险较大的业务领域，主要是与政府审批监管密切相关的业务领域；合规风险较大的业务部门，包括财务、销售、采购等部门。在对这些业务进行调查研究的基础上，企业可以对合规风险进行系统、全面的识别与评估，进而发现其存在的合规问题以及潜在的合规风险。

2. 建立健全合规运行机制

在对企业的合规风险进行评估之后，企业应该以风险防范为导向，建立完善的合规运行机制，包括建立合规制度体系、明确合规管理职责、重视合规监控与评价。合规制度体系的建立是合规管理机制运行的重要保障，该制度体系包括全面的培训机制、严格的考核机制、通畅的举报机制和有效的查处机制。[①]另外，在合规制度体系中，企业领导层以身作则是企业合规经营的重要推动力量。明确合规管理职责是指，企业需要专门设置合规管理部门，该部门在确保权责清晰的同时，还要与其他风险控制、监察、审计等部门进行协调合作，发挥其事前防范

---

① 王辉耀，苗绿. 中国企业全球化报告（2017）[M]. 北京：社会科学文献出版社，2017.

的功能。合规监控与评价有助于企业持续推进合规经营，企业应该对合规管理的效果进行评价并不断改进、优化合规管理目标与制度体系，促进合规管理体系螺旋式上升。

（三）增强法律意识，做好调查工作

首先，企业应当增强法律服务应用意识，让律师或者法务人员参与到修订买卖双方交易合同、企业制度化运作、员工法律意识培训等环节中，帮助企业合规合法生产经营，规避合规风险。

其次，企业应当对海外经营项目和交易对象进行审慎调查，尤其是要深入研究当地工资水平、税收政策等方面的法律法规，防范收购资产合法性、权属、债务、诉讼等纠纷的产生。

最后，企业应该关注、跟进全球监管公告信息，规范自身经营行为，同时，重视谈判签约规范化，避免留下违约隐患。

三、积极履行社会责任

海外投资企业积极承担社会责任，是企业获得经营合法性、提升竞争软实力、树立企业良好形象的重要途径。因为部分中国企业对外直接投资中存在一些社会责任相关问题，我们对于中国对外直接投资企业社会责任的履行标准建议如下，以有效防范和控制环境风险、劳工风险等非商业风险。

第一，将企业社会责任内化为企业价值观与行为准则。中国企业在对外直接投资时，要在充分理解企业社会责任含义的基础上适应、践行这些理念，将其内化为企业的行为准则与价值观。企业应该重视东道国经济的发展，提高投资项目对当地经济增长的贡献；多雇用当地人才，加快人才培养，帮助缓解东道国就业压力；远离腐败和商业贿赂，诚信经营，积极妥善处理纠纷事件；认真解决员工薪酬待遇、工作环境、工作时长等劳工问题；注重碳排放、气候变暖等资源环境问题，积极探索可持续发展的商业模式。

第二，确立企业社会责任履行的量化指标。企业可将履行社会责任工作分解为经济、环境、产品责任、劳动关系、人权、社会等方面的量化指标，[1]并在企业

---

[1] 查道炯，李福胜，蒋姮. 中国境外投资环境与社会风险案例研究 [M]. 北京：北京大学出版社，2014.

生产经营过程中、员工行为中落实这些指标，形成指标化的可持续发展管理体系。

第三，中国企业应当将企业社会责任全面纳入企业风险管理体系，并用明确的量化指标和完善的信息系统支持企业社会责任风险的评估、监控与应对。

在如今环保理念盛行的背景之下，中国企业尤其要注重履行环境责任。随着东道国对外国企业履行环境责任的要求越来越高，环境风险也以不同的表现形式贯穿于中国企业跨国经营的整个过程中。为了有效防范环境风险，企业需要加强以下三方面的工作：

第一，重视和遵守当地环境法律法规。中国对外直接投资企业应当深入研究东道国的环境法、东道国自然资源保护法、环境污染防治法、环境诉讼法，与环保相关的政府法令、行政法规、部门规章、会议决议，监管制度实施形式，适用的双边投资协定和国际公约等方面的内容，并在充分认知的基础上重视和遵守这些环境法律法规。

第二，完善环保管理制度体系。中国企业应该建立与东道国环境法律法规、国际标准相符的环保管理体系，在企业生产经营管理活动的每一个环节深入贯彻环保意识，加强对投资项目全过程的环保控制，根据其具体投资领域制定完善的环境保护措施、环境风险评估体系和科学的应急处理措施，有效地减少环境风险隐患。

第三，加强与中国的国家级风险研究机构的信息合作。环境风险通常不是直接引发的，在更多的情况下是政治、经济、法律和文化等主要风险要素的最终表现形式。因此，企业在研究环境风险时需要结合其他风险要素，才能作出科学的分析与预测。由于企业单凭自身收集众多风险信息的能力是有限的，企业应该加强与中国的国家级风险研究机构的信息共享与合作，使企业与研究机构实现风险信息的有效交流和对接，进而形成系统全面的风险信息系统，有助于企业作出准确及时、针对性更强的风险防范措施。

参考文献

[1] 张相伟.中国对外直接投资的动因研究 [M].北京：中国经济出版社，2022.

[2] 孔群喜.高质量发展阶段下对外直接投资与中国经济增长关系研究 [M].武汉：武汉大学出版社，2022.

[3] 刘刚.中国汽车企业对外直接投资研究 [M].长春：吉林大学出版社，2022.

[4] 王林江.对外直接投资溢出效应研究 [M].北京：经济管理出版社，2022.

[5] 苏二豆.服务型对外直接投资与中国企业升级 [M].北京：首都经济贸易大学出版社，2022.

[6] 宋丽丽.中国企业对外直接投资风险防范与应对研究 [M].上海：复旦大学出版社，2022.

[7] 王琨.对外直接投资提升中国自主创新能力研究 [M].北京：北京首都经济贸易大学出版社，2022.

[8] 李凯伦.对外直接投资历史与发展研究 [M].北京：中国纺织出版社，2021.

[9] 赵德森.中国对外直接投资的国家风险研究 [M].北京：中国社会科学出版社，2021.

[10] 刘建廷，刘泽青.中国对外直接投资企业国际竞争力研究 [M].济南：山东大学出版社，2021.

[11] 许志，王文春.区域金融发展对制造业对外直接投资的影响及空间效应 [J].经济地理，2022，42（12）：124-132.

[12] 胡超，赵邦锦，王宣迪.对外直接投资对企业产能利用率影响的研究——基于中国企业的实证 [J].广西财经学院学报，2022，35（06）：64-75.

[13] 王文，张悦琪.民营企业对外投资策略分析 [J].中国金融，2022（24）：75-76.

[14] 杨凯越.我国开放型经济新体制建设现状及前景展望[J].中国投资（中英文），2022（ZB）：34-35.

[15] 黎慧婷.企业对外投资财务风险与控制研究[J].商场现代化，2022（22）：171-173.

[16] 吴佳雪.对外投资区位多样化对企业出口产品质量的影响[J].技术与市场，2022，29（11）：134-138.

[17] 赵海龙.中小企业对外投资中的金融风险研究[J].全国流通经济，2022（30）：104-107.

[18] 刘笑萍，蒋依鸣.中国制造业企业海外多元化投资与经营绩效[J].国际贸易，2022（10）：87-95.

[19] 张玉洁.技术创新对企业跨国投资区位风险选择的影响[J].黑河学院学报，2022，13（10）：43-45.

[20] 魏玉喆.企业投资内部控制与管理探析[J].中国中小企业，2022（10）：208-210.

[21] 钟帅.中国电力行业对外直接投资的影响因素研究[D].贵阳：贵州财经大学，2022.

[22] 杨丽.境外经贸合作区与中国对外投资的关系研究[D].昆明：云南财经大学，2022.

[23] 谭湘凡.双向直接投资协调发展对中国能源生态效率的影响研究[D].济南：山东财经大学，2022.

[24] 杨珊珊.数字化程度影响企业对外直接投资的实证研究[D].重庆：四川外国语大学，2022.

[25] 李琛.中国双向直接投资的协同发展及其溢出效应研究[D].乌鲁木齐：新疆大学，2021.

[26] 安昭丽.投资环境视角下中国在东盟农业投资影响因素研究[D].北京：中国农业科学院，2021.

[27] 王钦璇.中国对外直接投资的影响因素研究[D].南京：南京师范大学，2021.

[28] 柴瑜联.国际比较视角下中国海外投资保险发展模式选择分析[D].北京：首都经济贸易大学，2021.

[29] 张鹏飞. 国际多边合作机制视角下的中国农业对外投资问题研究 [D]. 北京：首都经济贸易大学，2021.

[30] 李春烨. 文化交流对中国企业对外直接投资的影响研究 [D]. 长春：吉林大学，2021.